교육 한류가 다가온다

교육 한류가 다가온다

발행일   2021년 7월 7일

지은이   정대희
펴낸이   손형국
펴낸곳   (주)북랩
편집인   선일영   편집   정두철, 윤성아, 배진용, 김현아, 박준
디자인   이현수, 한수희, 김윤주, 허지혜, 최성경   제작   박기성, 황동현, 구성우, 권태련
마케팅   김회란, 박진관
출판등록   2004. 12. 1(제2012-000051호)
주소   서울특별시 금천구 가산디지털 1로 168, 우림라이온스밸리 B동 B113~114호, C동 B101호
홈페이지   www.book.co.kr
전화번호   (02)2026-5777   팩스   (02)2026-5747

ISBN   979-11-6539-864-4 03320 (종이책)   979-11-6539-865-1 05320 (전자책)

작가 연락처 문의 ▸ ask.book.co.kr

작가 연락처는 개인정보이므로 북랩에서 알려드릴 수 없습니다.

학습 전략 전문가 정대희 원장이 알려 주는

초격차 학원을 만드는 12가지 비결

교육 한류가 다가온다

정대희 지음

북랩 book Lab

"
당신이 꿈꾸는 성공을 이루는 길은
목표를 열망하는 절실함에 달려 있습니다.
"

정말로 대단한 희망

필자는 2010년 외국계 기업을 다니던 중, 하나님의 부르심이 있다는 확신을 하게 되었다. 그래서 한세대학교 대학원에서 신학을 전공하고 목회자가 되었다. 그러나 대학부에서 청년들을 위한 사역을 하면서, 신앙 속에서도 인생의 의미를 찾지 못하고 방황하는 청년들을 보았다. 그들에게 실제적인 도움이 될 수 없는 필자 스스로의 모습에 한계를 느끼고 목회사역을 멈추었다.

내가 지도했던 청년들을 생각하면서 그들을 위해 내가 할 수 있는 일이 무엇인지 고민하다가, 나도 그들 이상으로 방황하고 있었다는 사실을 깨닫게 되었다. 그리고 그때부터 나의 인생을 통해서 반드시 이루고 싶은 단 한 가지를 선택해야만 한다면 그것이 무엇일까 하는 성찰을 했다. 그러다 경기도 이천의 사립 명문 고등학교 교사이셨던 아버지의 뒤를 이어 사람을 성장시키는 조력자가 되고 싶다는 비전을 품게 된다.

비전을 이루기 위한 방안으로 공부방을 개원해 경영하다가, 더 넓은 세상에서 더 많은 것들을 배워야 한다는 생각이 들었다. 대한민국의 일류 학원이라 불리는 다섯 군데 학원에서 근무하면서, 수험생들의 목표를 이루어 주기 위해 헌신했고 함께 성장해 나가는 학원의 노하우를 배우며 기록하기 시작했다.

필자는 입시 및 공무원 학원에서 근무하며 수험생들과 상담하던 중, 이 세대의 젊은이들에게 필요한 것이 무엇일까를 고민하기 시작했다. 명확한 비전과 삶의 이유를 발견하지 못하는 제자들을 위해 의미 있는 인생을 위한 조언을 해 주고, 사회적 책임에 대한 정의라는 개념을 통해 수험생들이 스스로 인생의 사명을 찾을 수 있도록 돕는 역할을 하고 있다.

『교육 한류가 다가온다―초격차 학원을 만드는 12가지 비결』은 필자가 학원을 직접 경영하며 얻은 지혜, 그리고 필자와 인연이 있는 원장들이 학원을 성공적으로 성장시킬 수 있었던 이유와 마인드를 기록해 만들어 낸 학원의 운영 원칙이다. 또한 제자들이 수험생으로서 성공할 수 있었던 방법들을 기록한 수험 생활의 성공 비법이다.

사람을 위해 존재한다는 학원의 사명을 이루기 위해 혁신을 고민하며 헌신하는 자세를 가진 분들. 미래 비전을 가진 안목으로 성공을 이루어 낸 사람들의 사회에 대한 책임을 가르쳐 주며, '진정한 인재란 자신을 성찰할 수 있는 착한 사람'이라는 사실을 깨닫게 해 준 분들. 바로 그 대한민국 일류 학원의 원장들에게서 배운 지혜를, 수험 생활의 기적을 만들어 내고자 노력하는 사람들과 함께 나누기 위해 필자는 이 책을 집필한 것이다.

세상에 기적을 불러올
다음 사람은 바로 당신입니다

"삶이 아무리 힘들어 보일지라도 여러분이 할 수 있고 성공
할 수 있는 무언가는 항상 있습니다. 중요한 것은 포기하지 않
는 것입니다."

1962년 21세의 젊은 나이에 루게릭병으로 2년간의 시한부 선고
를 받았지만, 2018년 3월 14일 타계하기까지 물리학에 대한 열망
으로 56년을 더 살아 낸 기적의 주인공. 세계적인 이론물리학자
스티븐 호킹 박사의 마지막 강연 중에 나온 명언이다.

"무엇을 하든지 온 힘을 다 쏟아라. 그리고 목표가 달성될
때까지 한 치의 흔들림도 없이 오직 그 일에만 집중하라."

에이브러햄 링컨의 삶의 자세다.

"기적=Σ열망"

M 사에서 수험생의 성공을 위해 만든 기적의 공식이다.

"무엇을 시도할 만한 용기도 없으면서 멋진 삶을 바란단 말
인가?"

S 사에 걸려 있는 빈센트 반 고흐의 명언이다.

"될 때까지 간다."

J 사의 교육 철학이다.

무엇인가가 느껴지는가? 삶을 통해 무엇인가를 성취할 수 있었
던 사람들은 자신의 삶의 목표에 대한 집념이 대단한 사람들이었
다. 하지만, 대중매체를 통해서는 이렇게 무서운 집념으로 목표를
이루기 위해 삶을 통해 헌신하며 살아가고 있는 그들의 마인드를
배울 기회가 별로 없었다. 대중매체를 통해서 보이는 사람들의 모
습은 힐링에 열광하는 것 같았고, 사람들이 원하는 삶은 마치 모
두 '워라밸', '힐링', '위로', '휴식'과 같은 단어들인 것 같았다. 가슴

속의 목표를 이루기 위한 치열한 대가 지불의 삶에 대한 내용들은 하나둘씩 사라지는 것 같았다. 그러한 대중매체 속 모습은 많은 사람들의 위로와 관심과 지지를 이끌어 냈지만, 성공에 다다를 수 있도록 지원을 받는 사람들은 소수에 불과했다. 결국, 대중의 힘은 대단함에도 그들의 잠재력은 별로 발휘되지 않는 것처럼 보였다. 하지만, '코로나 사태' 이후 무엇인가 변화하는 것 같은 움직임들이 포착되었다. 삶을 무너뜨리고 있는 코로나19로 인한 절망을 '극복해야 한다'는 절박함이, 삶의 '극복'이라는 단어가 우리의 잠재력을 깨우고 있다는 것이 느껴졌다. 2011년 대학원 입학을 기점으로 약 10년 동안 간직해 온, 마음속의 생각과 참아 왔던 울분을 터트릴 때가 되었다는 생각이 번개 치듯이 스쳐 지나갔다. 코로나19로 인한 혼돈과 혼란의 시기가 지나가면 반드시 새로운 질서와 계급이 탄생할 것이라는 예감이 온몸에 사무쳤다. 지금이 나와 같은 아픔이 있는 사람들을 살릴 수 있는 절호의 기회이며 개혁의 시기라는 생각이 나로 하여금 펜을 들 수밖에 없게 했다. 그동안 기록해 두었던 자료들을 한데 모아 수험생들의 치열했던 경쟁을 도와 가며 목표를 이루어 내었던 경험의 렌즈를 통과시키며 정리해 한 권의 책으로 집필했다. 이제까지 침묵하며 세상의 교훈을 배우고 흘러가는 대로 살아왔다면 자문해 보자! 만족스러운 삶인가? 그렇지 않다면 이제는 우리가 나설 차례다. '초격차 학원'의 성공 공식과 성과를 이루어 낸 사람들의 삶의 마인드와 사회적인 책임 의식을 흡수해 자기 자신을 리셋하고 성공의 사다리로 올라가, 사회에 선한 영향력을 행사하자. 지금 이 순간부터는 독해지기로 단단하게 마음먹고, 독하게, 한 번에 이 책을 다 읽어보자. 최대한 독자들이 읽기 쉬운 문체로 가다듬기 위해 노력했다. 그리고 책의 마지막 부분까지 다 읽은 후, 책을 덮었을 때의 마음, 그 울림에 집중하자. 그 깊은 마음의 울림이 당신을 당신이 있어야 하는 자리로 되돌려 놓을 것이다. 곧이어 보게 될 당신의 성장과 성공을 응원한다.

목차

들어가며   정말로 대단한 희망   07
프롤로그   세상에 기적을 불러올 다음 사람은 바로 당신입니다   10

제1장 **성과를 만들어 내는 이유** 19

1. 성장시키는 원장에게는 원칙이 있다   25

   첫 번째 원칙, 이미지를 가꾼다   38

   두 번째 원칙, 다른 사람의 성공을 돕는다   40

   세 번째 원칙, 정직하다   42

   네 번째 원칙, 성실하다   45

   다섯 번째 원칙, 답변 가능한 질문을 한다   47

   여섯 번째 원칙, 평정심을 유지한다   49

   일곱 번째 원칙, 냉철하다   52

2. 인간에 대한 이해가 성과를 만들어 낸다   55

   K 학원의 남학생 스토리   59

   K 학원의 여학생 스토리   63

3. 학원과 함께하는 인재를 양성한다   68

제2장 **마케팅으로 시작해서 결과로 입증하라** 77

1. 고객이 무엇을 원하는지 정확하게 파악하라   84

    자신에게 할 수 있는 몇 가지 질문들   85

    지인에게 할 수 있는 몇 가지 질문들   86

    고객에게 할 수 있는 몇 가지 질문들   86

2. 학원의 홍보 아이디어와 2%의 영감   88

    학원 홍보물 제작   91

    아파트 게시판 홍보물 부착   93

    입시 정보 책자 제공   93

    학원 설명회   94

    무료 시범 강의   95

    입학 상담   96

    2%의 영감   97

3. 성적 향상의 결과로 승부하라   100

제3장 절대학습량, 절대학습법 105

1. 최대의 성과를 발휘하기 위해　　　　　　　115
　절대학습량의 정의　　　　　　　　　　118
　공부를 해야만 하는 이유　　　　　　　119
　목표를 정하자　　　　　　　　　　　　122

2. 절대학습법　　　　　　　　　　　　　124
　에빙하우스의 망각곡선　　　　　　　126
　반복학습법　　　　　　　　　　　　129
　백지학습법　　　　　　　　　　　　132
　티칭학습법　　　　　　　　　　　　133
　몰입학습법　　　　　　　　　　　　134
　운동과 수면　　　　　　　　　　　　136

3. 완전학습 계획　　　　　　　　　　　140
　시험 후기 작성법　　　　　　　　　141
　학습 계획표 작성법　　　　　　　　142
　수험생에게 추천하는 사이트　　　　145

제4장 학원 운영 전략 147

1. 최고의 원장이 되어야 하는 이유　　　152
　마음의 준비가 되었는가?　　　　　　162

2. 경쟁력 있는 학원 만들기　　　　　　167

1단계: 존재 전략   168

2단계: 유지 전략   182

3단계: 초격차 학원 만들기 전략   185

3. 학원 현황을 파악할 수 있는 설문 조사   188

제5장 꿈을 이루어 가는 제자들의 성장 스토리 193

가톨릭대학교 의예과 20학번 이준영   198

가톨릭관동대학교 의예과 20학번 원종혁   202

경북대학교 수의예과 20학번 이진만   205

경상대학교 수의예과 20학번 이상화   207

대구한의대학교 한의예과 20학번 김충담   210

부산대학교 치의학석사통합과정 20학번 목진호   214

서울교육대학교 초등교육과 20학번 김유찬   218

서울대학교 산업공학과 20학번 박예성   221

연세대학교 전기전자공학부 20학번 전종욱   225

전남대학교 의예과 20학번 오정진   228

충남대학교 기술교육과 20학번 김호재   234

한양대학교 전기생체공학부 20학번 채효기   238

한서대학교 항공운항학과 21학번 임강훈   240

에필로그   제자들에게 보내는 편지   245

          우리는 반드시 대한민국의 답을 찾아낼 것입니다   248

제1장

성과를 만들어 내는 이유

제1장

성과를 만들어 내는 이유

★★★

'초격차 학원'이란, 다른 학원이 감히 넘볼 수 없는 압도적인 차이의 경쟁력을 지닌 일류 학원을 지칭하는 말이다. 초격차 학원이란, 수험생들이 목표를 이루어 낼 수 있도록 돕는 교육기관의 선두에 서 있다는 것 이상의 '사회적 책임'을 지니고 있다는 것을 의미한다. 수험생들이 사회의 각 분야에서 자신들만의 길을 걸어갈 때에 각자의 위치에서 사회적 책임을 다해 낼 수 있는 능력 있는 인재로 교육한다는 것이다. 그리고 그들이 결국 대한민국의 성장을 이끌어 내는 리더로 성장했을 때. 그때 그들의 모습과 자세를 통해 사회는 그들의 성장을 도운 학원을 평가하며, 초격차 학원의 선순환 구조와 사회적 책임과 앞으로의 행보를 지켜보고 있다. 존경받는 스승을 찾아보기 힘들다는 이 시대. 힘겨운 자신과의 싸움을 이어 가며 학원의 문을 두드리는 수험생들을 위해, 자신에게 맡겨진 제자 한 사람을 위해 자신의 모든 역량과 시간을 투자하며, 사람을 길러 내기 위해 헌신하는 존경받는 스승들이 존재하는 곳. 그곳이 바로 이 시대의 초격차 학원의 모습이다. 이 책을 읽는 모든 분들이 경영하시는 학원이 그러한 성과를 만들어 내는 스승들로 가득한 초격차 학원으로 성장하기를 기원하면서 『교육한류가 다가온다』를 시작하려 한다.

초격차 학원을 만들어 낸 원장과 함께 근무하는 강사와 조직원들은 가장 강력한 경쟁력을 지닌 인재로 성장하게 된다. 그러한 강력한 전문성으로 무장한 초격차 학원에서 공부하는 수험생들은, 자신의 성장 잠재력을 무한히 이끌어 내는 노력으로, 자신이 기대했던 것 이상의 결과를 이루어 내며 자신만의 꿈을 향해 나아갈 수 있는 자격을 얻게 된다. 이러한 모든 성과 뒤에는 지혜로우면서도 강력한 전략이 존재했으며 헌신의 무게를 뛰어넘는 노력이 있었다. 이러한 전략과 노력으로 성장하는 학원의 수험생들은 대한민국의 미래를 이끌어 가는 다음 세대의 지도자들로 성장하고 있다. 이렇게 초격차 학원을 만들어 낸 원장들에게 학원의 운영 원칙을 배울 수 있었던 것은 필자의 삶에 있어 가장 큰 행운이었다. 그들은 대한민국 성장의 원동력이었으며, '사람이 가장 중요하다'는 원칙으로 제자들을 성장시키기 위해 혼신의 열정을 다하며 교육한 위대한 스승들이고, 대한민국의 살아 있는 역사다. 성과를 만들어 내는 이유에는, 아무도 알아주지 않던 그곳에서 묵묵하게 자신의 역할을 성공적으로 감당해 낸 그들의 희생이 있었다는 것에 감사한다.

 2년 전, 지방에서 학원을 운영 중이던 지인과 만난 적이 있다. 지인은 학원에 원생이 모집되지 않는다며 자신이 학원 운영에 재능이 없는 것 같다는 고민을 이야기했다. 필자는 지인에게 학원을 개원한 지가 얼마나 되었는지, 학원 경영에 대해서는 얼마나 연구했는지를 물었다. 필자가 예상한 대로 지인은 학원을 개원한 지 7개월 정도 되었고 학원 경영에 대해서는 본사 교육을 제외하고는 따로 연구한 적이 없다고 했다. 지인은 자신이 서울 명문 사범대 출신이라는 자부심에 빠져 자신이 습득한 교수 학습 능력만 믿고, 학원 경영에 대해서는 깊이 고민해 보지 않았던 것이다. 필자는 지인에게 1년 동안만이라도 학원 업무를 마친 후 하루에 한 시간 이상 학원 경영에 관련된 책을 읽고, 본사 교육과 지원을 받고, 해당 프랜차이즈 중에서 학원을 성공적으로 성장시킨 원장들과 접촉해 정기적으로 만나 조언을 들어 보라고 권했다. 어떤 분야라도 마찬가지겠지만 특히 학원 경영과 관련해서는 학원 경영과 관련된 노하우와 지식이 없이는 절대로 새로운 아이디어가 떠오르지 않으며 재능을 발휘하기도 어렵기 때문이다. 학원 경영과 관련된 재능을 계발할 수 있는 가장 좋은 방법은, 학원을 성공적으로 성장시킨 원장들이 어떠한 방법으로 그러한 성과를 이루어 낼 수 있었는지 연구하며, 그들의 방법과 과정과 노력을 자신의 것으로 적용하는 것이다.

성장하는 학원의 원장들은 하루 종일 학원만 생각하고 있다고 해도 무방할 정도로 학원에 헌신적이다. 그리고 그러한 원장들의 자세와 노하우를 알게 된다면, 나도 그들처럼 헌신한다면, 반드시 성공할 수 있다는 자신감과 아이디어를 얻게 될 것이다.

나에게 하소연을 했던 지인은, 그 후 1년도 지나지 않아서 더 이상 원생을 받을 수 없어 대기자를 받을 정도로 학원 경영을 성공적으로 해내고 있다.

1. 성장시키는 원장에게는 원칙이 있다

성장과 성공이라는 단어보다 좌절과 포기라는 단어가 더 쉽게 다가오는 세상이다. 이는 아무리 노력하더라도 자신의 노력이 온전하게 평가받을 수 없으며 성공할 수도 없을 거라는 불신이 팽배한 세상이라는 뜻일 것이다. 충분한 능력을 갖춘 기업의 구성원조차 일정 서열 이상으로 오를 수 없는 모습을 보아 온 젊은이들에게는 이 보이지 않는 장벽인 유리 천장이 너무나도 견고해 보이기에 노력 자체를 포기하는 현상까지도 일어나곤 한다. 이제껏 참고 견뎌 왔던 노력이 물거품이 되고 마는 현상을 보고 경험했던 젊은이들에게는, 의지를 가지라거나, 절실하게 노력하면 이룰 수 있을 거라는 충고는 이제는 전혀 동기부여나 위로가 되지 못하고 있는 것이 현실이다. 하지만, 이렇게 견고해 보이는 유리 천장을 깨부수고 학원을 성장시키는 원장에게는 특별한 원칙이 있다. 그것은 성공에 대한 확신과 보장이 전혀 없는 상황 속에서도 자신의 노력을 지속할 수 있는 믿음이 있다는 것이다. 그것은 자신의 노력에 대한 확신이다. 그러한 믿음과 확신이 있기에 때때로 그들은 학원 경영을 제외하고는 어떠한 일에도 관심이 없다는 듯이 자기 자신을 학원에 갖다 꽂으며 업무에 몰입한다. 해결되지 않는 문제가 있을 때는 다른 방법으로 계속 시도하며 창의성을 발휘해 결국은 이루어 내기도 한다. 그들은 실패를 두려워하지 않는다. 실패의 곁에는 항상 새로운 성공의 문이 열리고 있다는 것을 믿기 때문이다. 그렇기에 그들은 자신의 모든 것을 헌신할 때 자신이 이루어 낼 가능성을 바라보며 전율하게 되는 것이다.

목회를 그만두고 학원을 통해서 필자가 지금까지 경험해 온 바에 의하면 성과를 이루어 낸 원장들에게는 생각보다 더 깊은 헌신이 있었다는 것이다. 필자가 느끼기에는 '만약 그들의 노력을 경쟁자가 알게 된다면 얼마나 두려운 마음이 들까?'라는 생각마저 하게 될 정도였다. 지금 당신에게도 이루고 싶은 꿈이 있다면 그 목표를 향해 자신만의 걸음으로 한 걸음씩 걸어가야만 한다. 빠르고 느린 것은 상관없다. 재능이나 능력도 상관없다. 당신이 '헌신'이라는 '대가'를 치르기로 결심하고 실행해 나간다면, 그렇게 뿌려진 씨앗들이 결국은 당신이 기대한 것 이상의 열매로 맺어져 머지않아 당신이 원했던 것 이상의 '보상'을 반드시 누리게 해 줄 것이다. 어떻게 해야 지금보다 더 잘 해낼 수 있을지에 대해서 고민하며 진심을 다해 노력하고 있는 당신의 모습에 감동할 수만 있다면, 지금 하고 있는 노력의 과정을 믿어도 좋다.

히브리어 '네다바'는 아낌없이 바친다는 '헌신'의 뜻을 지닌 단어다. 자신의 목표를 향해 자신을 갖다 꽂으며 아낌없이 자신을 소진시키는 과정 자체를 그들은 헌신이라고 느끼며, 앞으로 이루어질 일들을 마음의 눈으로 바라보며 전율한다는 것이다. 이것은 소명에 응답하며 자신의 모든 것을 바치는 삶을 뜻한다. 십자가를 바라보면 진정한 헌신의 무게를 알 수 있다. 손에 못 박히신 분은 자신의 소명을 이루기 위해 헌신하셨다. 그 무게를 가히 짐작할 수 있겠는가? 자신의 목표를 향해 돌진할 때, 이 정도의 무게를 감당해 낼 수 있다면 그것은 이미 헌신이며, 유리 천장은 깨질 수밖에 없다.

어떠한가? '헌신'의 무게가 느껴지는가? 필자가 집필한 『리얼스터디』라는 소책자(전자책)를 이 책에 녹여 넣은 이유가 여기 있다. 이 책의 독자분들 중 선생님은 학생들을 지도하실 때 참고하고 수험생은 시험을 준비할 때 참고하면 좋을 것 같다는 의미 이상으로, 여기 있는 '헌신의 무게'와 절대학습량을 채우기 위한 '헌신의 무게'가 일맥상통하는 부분이 있기 때문이다. 절대학습량을 채우는 것을 넘어서는 노력, 그 이상의 헌신적인 집념으로 공부해 온 학생들이 사회에서 성장할 수 있는 기회가 많이 주어지는 이유는 학벌이나 스펙 때문만이 아니다. 그들은 절대학습량을 채워야만 상위권으로 진입해 진검 승부의 장으로 들어갈 수 있는 자격이 주어진다는 것을 경험을 통해 배웠다. 그렇기 때문에 자신이 살아가야만 하는 세계에서 자신만의 분야를 위한 업무를 진행할 때에도, 그러한 자세와 습관을 유지하며 임해야만 성과를 낼 수 있다는 것을 본능적으로 알고 있는 것이다. 한번 들여진 습관은 관성적으로 이어 가기가 수월하며, 헌신적인 노력으로 한번 성과를 이루어 낸 경험이 있는 사람의 도전은 또 다른 헌신적인 노력으로 성공의 가능성을 높인다.

인생을 되돌아보았을 때 "참 잘 살았다."라는 평가를 받는 사람들은 자신의 분야에서 '헌신'한 사람들이었다. 그리고 우리도 인생을 살아가면서 결정해야만 한다. 때때로 지치고 허무할 때가 있더라도 최선의 나를 만들기 위한 '헌신'을 선택할지, 어느 정도 '타협'하며 살아가는 인생을 선택할지를 말이다. 어느 선택을 하더라도 틀린 것은 없다. 다만 선택의 순간에 자신의 가치관에 맞는 '선택'을 하면 되는 것이다. 학원을 성장시키는 원장이 되기로 선택했다면 '헌신'은 선택이 아닌 필수다. 그것은 곧 진정성이며 원장의 진심은 학생과 학부모 그리고 조직원 모두에게 전달되기 때문이다.

필자가 살아온 인생을 돌이켜 보았을 때 만족스러운 삶은 단 한 번도 그냥 주어지는 법이 없었다. 내가 있는 자리에서 남들보다 적어도 두 배 이상의 노력을 기울여야만 남들의 기본만큼이라도 나에게 주어진 본분을 해낼 수가 있었다. 나의 어리석음과 학습 능력의 부족함 때문에 때론 화가 나기도 했다. 하지만 남들보다 두 배 이상의 노력을 기울여야만 남들과 보조를 맞출 수 있다는 것을 알게 된 뒤부터는, 그 이상의 노력을 기울이며 헌신했을 때에 기적과 같은 성취감을 맛보기도 했다. 업무 분야가 같더라도 최선을 다하지 않았을 때의 경력은 나에게 아무런 도움이 되지 못했다. 하지만 업무 분야가 다르더라도 최선을 다했을 때의 경력은 나에게 소중한 자산이 되어 있었다. 그리고 마침내 깨닫게 되었다. 목숨이 붙어 있는 한 자신의 목표를 향해 '헌신'하는 것만이 인생을 완성시킬 수 있는 유일한 방법이라는 것을. 내가 이루고 싶었던 것들과 내가 하고 싶었던 일들은 절대로 나를 위해 저절로 다가오는 법이 없는 것이기에 반드시 노력을 통해 쟁취해야만 한다는 사실에 대한 이해에 이를 수가 있었다.

몇 년 전 학원 사업을 접고 대한민국 일류 학원 중의 하나라고 불리는 K 학원에 입사해 근무할 때에 필자는 진심으로 모든 것을 바쳐 최선의 노력을 다했었다. 마치 그 당시에는 강제수용소에 있는 것 같다는 느낌마저 들 정도로 열정을 다했었는데, 놀라운 것은 그 당시의 원장은 필자보다 더 열심히 했었다는 사실이다. 먹고 자는 시간을 제외하고는 온통 수험생들을 위한 학원 업무에 매진했는데도 불구하고, 수능을 치르고 난 후에는 부족하고 미숙했던 나의 모습 때문에 부끄럽기도 하고, 제자들에게 너무나도 미안한 마음을 감출 수가 없었다. 그리고 그때 다짐했다. 다시는 미안하지 않겠다고…. 그래서 현재의 학원에서는 제자들에게 미안하지 않기 위해 더 열심히 노력하고 헌신했다. 물론 아직도 배워야 하는 것들이 많지만 나 자신에게 부끄럽지 않을 정도로 노력한 결과, 제자들이 수능을 치른 후에 나는 별로 미안하지 않았다. 대부분의 제자들이 기대 이상의 성과를 내 주었기 때문이다. 그리고 필자가 당시 근무하던 K 학원의 원장 소식을 들을 수 있었는데, 현재 K 학원의 모든 것을 책임지고 경영하는 총원장의 자리에 있다는 것이다. 그 소식을 들은 대부분의 동료들은 이구동성으로 말했다. "그분 그렇게 될 줄 알았어!"

세상살이라는 게 참으로 신비한 것이, 아무도 모르는 것 같아도 누군가는 알고 있고, 아무도 안 보는 것 같아도 누군가가 보고 있다는 사실이다. K 학원의 L 총원장에 대한 평가가 그리도 똑같다는 사실이 경이롭기까지 하다. 그렇기에 수험생들도 이미 알고 있는 것이다. 누가 진짜 스승인지…. 그리고 수험생들은 세상이 아무리 이슈를 만들어 내며 떠들어도 자신을 성장시키기 위해 헌신했던 학원을 향해 말한다. "세상이 아무리 가짜라고 외치더라도, 나에게 당신은 진짜 스승입니다."라고. 그렇기에 진심을 담은 노력은 통하는 법이고, 그것이 바로 제자를 위해 헌신하는 스승의 삶인 것이다.

현시대는 밀레니얼 세대라고 불리는 1980년대 초반부터 2000년대 초반 사이에 출생한 세대들이 사회로 편입되고 있는 상황이다. 10년 전만 하더라도, 밀레니얼 세대라고 불리는 Y 세대의 사회에서의 목소리는 그리 크지 않았다. 사회로 편입된 Y 세대의 비율이 적어서이기도 하지만, 기성세대의 가치관으로 자리 잡은 사회의 규칙이 Y 세대의 목소리를 누를 수 있었고, 기존의 질서에 순응하도록 이끌어 갈 수 있었기 때문이었다. 하지만 Y 세대의 사회 편입 인구가 많아지면서, 끊임없이 노력했지만 운명의 굴레를 벗어날 수 없었던 Y 세대의 목소리가 커지고 기존 지배 질서에 저항하는 움직임이 시작되었다. Y 세대는 SNS와 앱을 통한 수평적이고 자유로운 소통에 익숙해져 있었고, 일의 효율과 성과에 앞서 일의 가치나 의미를 더 중요하게 생각했다. 기존의 상명 하달식의 엄격한 소통 방식이 이들에게는 더 이상 통하지 않게 된 것이다. 이는 수많은 Y 세대들의 퇴직과 이직, 그리고 취업 자체를 포기하는 현상으로까지 이어졌고, 이들이 사회를 바라보는 시각 또한 그렇게 부정적으로 형성되어 가고 있었다. X 세대의 마지막이며 Y 세대의 시작에 서 있는 필자 또한, '개인적인 삶의 영역을 포기하면서 회사를 위해 헌신하는 삶에 어떤 의미가 있을까?'라는 고민을 했고 회의감이 들려 했다. 그러던 중에, 전년도에 담임한 제자들 세 명이 학원을 찾아왔다. 각각 가톨릭관동대 의학과, 연세대 전기전자공학부, 고려대 건축사회환경공학부에 재학 중인 제자들이다. 그런데 이 녀석들이 하필 그런 타이밍에 학원을 찾아와서는 필자에게 하는 말이, "꿈을 이루게 도와주셔서 감사했습니다!"라는 것이 아닌가…. 그것도 진심이 느껴지도록 인사를 하면서. 그

때 갑자기 학원에서 처음으로 근무했었을 때의 초심이 떠오르는데, '내가 살아가는 이유가 이것 때문이었구나…'라는 사실을 다시금 깨닫게 되었다. 그때부터 사람을 성장시키기 위한 헌신의 가치를 실행하는 삶을 살기로 다짐한 결심을, 지금까지도 흔들리지 않고 간직하고 있다. 물론 당시 인생의 다른 돌파구를 찾기 위해 시작한 자격증 공부를 위한 인강과 교재 비용을 이미 지불한 상황이어서 상당한 금액이 의미 없이 지출된 것에 대해서는 상당히 아쉬웠지만, 필자에게 그 이상의 위대한 깨달음을 안겨 준 제자들에게 여기 이 지면을 빌려서 감사한 마음을 전한다.

필자가 목회를 하던 시절에 필자의 눈에 비쳐진 교회와 목회자와 성도들의 모습에는 아픔과 슬픔과 괴로움이 있었다. 세상에서 상처받은 성도들…. 그들의 아픔을 치유하고자 기도하며 헌신하지만 공감은 할 수 없었던 목회자들…. 너무나도 바쁜 사역 일정으로 말씀 연구에 시간을 투자하기 어려워하는 사역자들…. 그럼에도 불구하고 하나님의 말씀에 순종하고자 몸부림치며 자기 자신을 부인하고자 노력하는 사람들…. 진정한 믿음을 고민하며 진정한 순종에 이르기를 원하지만 하나님의 말씀을 어떻게 세상에 적용하며 살아야 하는지에 대한 정확한 해답을 찾지 못하는 사람들…. 말씀대로 살기 위해 노력하지만, 말씀대로 착하게, 선하게, 낮아지는 삶을 살다가 무시당하는 사람들…. 세상에서 상처받아 교회에 오지만 세상의 기준과 크게 다르지 않은 교회의 모습에 또다시 상처받는 사람들…. 말씀은 이상적인 믿음을 말하지만 자신만의 기준으로 교회와 세상을 판단하는 사람들…. 성경의 말씀과 세상의 괴리 속에서 인생의 의미를 찾지 못하고 방황하는 청년들…. 필자는 그들에게 모범이 되어 주고 싶었다. 그들에게 하나님의 살아 계심을 필자의 삶으로 증거하고 싶었다. 그러나 사역을 하다가 되돌아본 필자의 모습은 사람들에게 인정받기 위한 설교를 하고 있는 것이었고, 사람들에게 보여 주기 위한 방언을 하고 있었으며, 목회자로서의 생존을 위해 목회자처럼 보이려 하고 있었다. 필자의 마음속에서는 하나님의 말씀보다 세상에서 필자를 어떻게 바라보는가가 더 중요했던 것이다. 필자가 느끼기에 다른 크리스천들도 하나님의 말씀에 순종하기 위한 노력을 한 것은 사실이었지만, 마음속으로는 하나님의 말씀보다 자신의 삶을 더 중요하게 생각하는 것 같았다. 주변에는 교회뿐만 아니라 세상에서도 존경받으시는 목회자분들이 많았고, 삶으로 신앙을 증거하는 성도들도 많았으며, 자신의 삶을 버리고 오직 말씀만을 붙들고 오지 선교를 나가시는 분들도 많았다. 그런데 당시에는 그런 분들의 삶이 보이지 않았다. 필자의 기대가 너무 컸기 때문이었을까? 그들의 큰 믿음의 헌신을 보지 못하고 작은 허물을 보며 질책했었다. 우리는 모두 용서받아야만 하는 죄인이라는 것을 그때는 인정할 수가 없었다.

이러한 고뇌 속에서 목회를 하던 중에, 필자 또한 밀알이 되어 썩으려 하지는 않았다는 사실을 깨닫게 되었다. 필자 또한 그들 이상으로 이기적이었고 모범을 보일 수 없는 부족한 인간이었던 것을 깨달은 것이다. 세상을 변화시키겠다며 목회를 시작했지만 그 누구도 변화시키지 못했다는 자책감이 몰려왔다. 입으로는 사랑을 말했지만 모범을 보일 수 없었던 필자는 이미 삯꾼이었던 것이다. 그렇게 깊은 고뇌 속에서 필자를 돌아보았을 때, 필자의 마음속에는 말씀이 아닌 고통과 변명과 현실 부정만이 가득 차 있었다. 아무런 대안이 없었지만 필자는 사역을 멈춤으로써 신앙을 지키기로 결정했다. 무작정 부모님이 계신 경북 예천으로 내려갔다. 그리고 그때에 이르러서야 하나님께서 아브라함의 믿음을 보시고 의롭다 하셨다는 의미를 이해할 수 있을 것 같았다. 그리고 마침내 사명을 깨닫게 되는 계기가 찾아왔을 때, 필자는 준비가 되어 있지 않았다. 그렇지만 그렇다고 포기할 수는 없었다. 길도 없는 것 같고 어떻게 해야 할지도 모르며 준비도 되어 있지 않은 상황 속에서도 포기하지 않고 여러 번의 시행착오와 방황과 시도를 한 끝에, 드디어 필자는 필자의 이상을 이룰 만한 토양에 정착할 수가 있었다. 교육 사업이라는 토양은 필자의 가슴에 그렇게 다가오고 있었다.

물론 사람을 성장시키는 조력자가 되고 싶다는 소망을 이룰 수 있는 방법이 이것만 있는 것은 아닐 것이다. 이상을 실현하고자 노력하는 과정 중에 인생의 경로와 꿈은 언제든지 변경될 수 있겠지만, 필자에게 선택 가능한 인생의 가능성 중에서 현재는 이러한 방향을 선택했다는 것이다. 필자의 소망을 이루기 위해 사람을 성장시키기 위한 헌신의 가치를 실행하는 삶. 그 과정에 치러야만 하는 고통스러운 무게를 견뎌 낸다고 해서, 필자가 제자들의 성공의 대가로 무엇인가를 바란다거나 이득을 보려는 마음은 전혀 없다. 제자들이 설사 몰라줄지라도 필자는 스승으로서 제자들을 위해 무엇인가를 해 줄 수 있었다는 것에, 그들의 인생에 아주 작은 도움이라도 되어 줄 수 있었다는 것에 진심을 다해 감사하며 만족한다. 그러나 언젠가 제자들이 그러한 스승의 마음과 헌신을 깨닫게 되는 순간이 올 수 있다면 필자에게 느끼게 될 고마운 마음을, 도움을 필요로 하는 또 다른 누군가에게 베풀어 줄 수 있는 멋진 사람으로 성장하기를 바랄 뿐이다. 이 시대의 생존을 위한 지나친 경쟁과 타인을 존중할 줄 모르는 각박함… 가진 자들이 가지지 못한 자들을 무시하며, 힘없는 자들이 힘 있는 자들에게 무참히 짓밟히고 있는 참담함… 사회적 책임을 다하려는 사람보다 자기 잇속만 챙기려는 사람들의 이기심으로 가득한 이 사회의 현상들… 이로 인해 신음하며 누구에게 호소 한번 제대로 할 수 없는 사람들의 저주스러운 고통들… 그로 인해 발생하는 육체와 정신의 질병들을 감당해야만 하는 사람들이 지속적으로 발생하는 이 세대를 치유하며 사회를 회복할 수 있는 방법이, 아직은 나약한 필자에게 있어서는 이 방법밖에 없기 때문이다. 사람을 위하는 마음을 사유할 수 있는 책임 있는 사회의 구성원들이 많아 진다면, 나의 제자들 중에 몇 명만이라도 그러한 사람으로 성장해서 미약하더라도 세상을 변화시키기 위한 아주 작은 씨앗들을 뿌려 준다면, 이 세상이 조금은 더 살 만한 세상으로 변화되지 않을까. 그것이 필자의 소망이라면 소망이다. 물론 세상에는 아름다운 마음을 가지고 선행을 실천하며 사회적 책임을 다하시는 존경받을 만한 어른들이 존재한다는 것을 알고 있다. 하지만 그러한 분들과 뜻을 함께할 수 있는 사람들이 필자를 통해서 더 많아질 수 있다면 세상이 얼마나 더 아름다운 세상이 되겠는가? 필자는 세상을 비판하거나 판단하려는 것이 아니라, 세상의 어두운 면이 있다는 사실을 인정하고 대안을 찾다 보니, 부족한 필자에게는 이것이 가능한 방법 중의 하나라는 생각이 들었다는 것이다. 적어도 필자에게 말씀을 선포하는 것보다 더욱 중요하게 다가온 진리는 바로, 말씀대로 살아 내야 한다는 것이었다. 이러한 과정이 목회를 멈추게 된 나의 명분이자 이유다. 이후로는 나의 사명이기에, 설사 울게 되더라도 포기하지는 않을 것을 확신하는 이유는, 사명에 충성하는 사람은 어떠한 시련 속에 던져지게 되어 울게 되더라도 포기하지는 않기 때문이다. 여기서 필자가 포기하지 않겠다는 사명은 직업이 아니다. 바로 필자의 이상이다.

성장한다는 것은 참으로 어려운 일이다. 100%의 노력을 기울였을 때 정확하게 100%의 결과를 얻을 수 있다면 당장 눈앞에 결과가 보이기 때문에 누구라도 쉽게 노력할 수 있을 것이다. 하지만 현실과 이상은 다르기에. 설사 실패하더라도, 아무리 노력해도 아무런 변화가 없더라도, 그 침묵의 시간을 묵묵히 버텨 내며 더 뜨거운 열정을 쏟아 낼 수 있는 자격을 가진 사람들만이 비로소 성공의 열매를 맛볼 수 있는 것이다. 그러므로 다시 한번 말하지만, 버텨 내자! 지금부터는 당신이 목표로 한 것을 이루기까지 학원 경영에 관련된 일을 제외한 그 어떤 것에도 눈을 돌리지 않길 바란다. 인생을 살다 보면 언젠가는 당신이 원하는 인생이 다가올 것이라는 기대는 버리는 것이 좋다. 장담하건대 당신이 원하는 인생은 미래에 저절로 다가오는 것이 아니라 현재의 노력을 통해서 점진적으로 쟁취해야만 하는 것이기 때문이다. 당신은 납득할 수 있겠는가? 당신이 원하는 인생을 쟁취하기 위해 앞으로 적어도 3년 이상, 자신의 삶을 버릴 각오를 해야 한다는 것을… 지금부터는 먹고 자는 시간을 제외한 모든 시간을 학원 경영을 위해 투자하라. 그리고 당신이 헌신하며 투자한 시간을 믿어라. 그 시간만이 당신을 당신이 원하는 목적지로 안내할 수 있을 것이다.

이제부터는 필자가 학원을 직접 경영하며 만났던, 학원을 성공적으로 성장시킨 원장님들과, 필자와 인연이 있었던 초격차 학원을 만들어 낸 원장님들의 마인드, 그리고 그러한 성과의 이유 있는 원칙 중에서 가슴에 와닿아 기록했던 내용들을 공유하려 한다. 이러한 자세를 벤치마킹하며 성장한다면 언젠가는 그러한 원장님들의 성과를 따라잡는 것을 넘어서서, 더 좋은 결과를 낼 수 있을 것이라 기대한다. 독자분들의 승부를 응원한다.

첫 번째 원칙, 이미지를 가꾼다

사람들은 당신의 이미지를 곧 학원의 이미지라고 생각한다. 그렇기에 자신의 외모를 성장하는 학원의 원장에게 걸맞은 이미지로 가꾸어야만 한다. 여기서 외모는 잘생기고 못생기고의 문제나 신체적인 특징을 말하는 것이 아니라 깔끔함과 전문성이 느껴지는 이미지를 말한다. 이미 성공한 사람들, 특히 학원계에서 정상에 있는 사람들의 스타일과 비슷한 스타일로 가꾸어야 한다는 것이다. 이것은 원하는 대로 필요할 때마다 꾸며 낼 수 있는 외형적인 부분만을 말하는 것이 아니다.

링컨이 비서를 추천받아 면접을 보았을 때, 진실이라고는 하나도 찾아볼 수 없는 얼굴이라는 생각이 들어 돌려보냈다는 일화에서 비롯된 "사람은 나이 40이 되면 자기 얼굴에 책임을 져야 한다."라는 말의 교훈을 기억하자. 사람은 자신이 지금까지 살아왔던 삶의 행적과 자세와 마음이 모두 얼굴에 드러나게 되어 있다는 것이다. 이것은 이타적인 삶을 살 때에만 비로소 가능해진다. 이타적인 삶의 행복을 말한 마리안 프레밍거의 이야기는 이번 주제의 적절한 예 중 하나일 것이다. 헝가리에서 외교관의 딸로 태어난 마리안 프레밍거는 비엔나에서 영화감독 오토 프레밍거를 만나 결혼했다. 결혼 후 그녀는 할리우드의 매력적인 여배우로서 명성과 부를 얻었지만 술과 마약에 빠졌고, 사치스러운 생활로 남편과 이혼하게 된다. 그렇게 방황하던 어느 날 그녀는 마을 교회에서 오르간을 치고 있는 슈바이처 박사의 연주를 듣게 되었고, 그 순간 이렇게 결심한다. '지금까지의 내 인생은 허상일 뿐이었다. 남을 위한 삶에 진정한 가치가 있다.' 이 결심은 그녀가 슈바이처 박사가 운영하는 병원에서 봉사하는 20년 동안 이어졌다. 그리고 이 세상에서 가장 행복한 삶을 살았다고 고백한 그녀가 눈을 감는 순간 남긴 말은 "남을 위한 삶이 이렇게 행복한 것을…" 이었다.

이타적인 마음으로 살아가는 원장은 자신의 얼굴에 책임을 지는 사람이다. 수험생을 위하는 이타적인 마음과 자세가 얼굴에 고스란히 드러날 것이기 때문이다. 그리고 고객은 그런 원장의 이미지를 보고 학원을 판단하게 된다. 당신의 학원이 어떤 학원인지에 대해 증명하게 되는 첫 번째 단계는, 바로 당신의 이미지인 것이다. 이미지를 통해 상대가 나를 신뢰하도록 만드는 것이 학원 경영 전략의 가장 첫 번째 원칙이라는 점을 기억하자.

두 번째 원칙, 다른 사람의 성공을 돕는다

학원의 특수성은 사람의 성장을 돕는 역할을 해야 한다는 것이다. 여기서 다른 사람의 성공이 곧 자신의 성공으로 이어진다는 것을 반드시 이해해야만 한다. 성장하는 학원의 원장은 조직원과 고객을 성공시키기 위한 노력을 통해 함께 성장하게 된다. 성과에 대한 보상이 자신에게 돌아오지 않더라도 다른 사람의 성공을 도우려는 마음가짐 때문에 기대하지 못했던 성장을 이루게 되기도 한다. 보통 사람들은 인정받기 위해 자신을 증명하고자 노력하지만, 학원을 성공적으로 경영하는 원장은 자신을 증명하려는 욕구를 이루기 위해 노력하기보다는 학원과 관계된 사람들에게 봉사하기 위한 정신으로 무장되어 있다. 설사 그것이 원장 자신의 업적을 포기하게 되는 결과로 이어진다 하더라도, 언제나 학원 전체를 위한 선택을 하기에 그러한 정신이 조직원 전체의 잠재력을 이끌어 내어 최고의 결과를 만들어 내는 것이다. 그렇기에 원장은 스스로 자기 자신이 뛰어나다는 것을 입증하려고 노력할 필요가 없다. 능력 있는 사람들에게 학원에서 자신의 재능을 마음껏 펼칠 수 있도록 기회를 만들어 주는 것이 원장의 가장 큰 역할이기 때문이다.

어느 추운 겨울 자정이 훨씬 지난 시간 세종 대왕은 평소처럼 집현전에 들렀다. 그런데 아직도 집현전에 불이 켜져 있는 것이 아닌가? 누가 무엇을 하고 있는 건지 궁금함을 느낀 세종 대왕은 곁에 있던 내관에게 확인해 보도록 했다. 집현전 안에서는 신숙주가 밤이 늦도록 글을 읽고 있었고 그의 연구는 첫 닭이 울 때까지 계속되었다. 내관의 보고를 받은 세종 대왕은 신숙주가 잠이 들때까지 기다렸다. 그리고 마침내 책상 위에 엎드려 잠이 든 신숙주를 보며 몸이 추울까 해서 자신이 덮고 있던 초구(수달의 가죽으로 만든 두루마기)를 벗어 덮어 주었다. 아침에 잠에서 깨어난 신숙주는 자신을 덮고 있는 임금의 초구를 보고는 기겁을 했다. 놀란 그에게 내관은 전날 밤에 세종 대왕이 다녀갔다는 이야기를 해 주었다. 순간 신숙주는 세종 대왕의 온정과 은혜에 감복해 뜨거운 눈물을 흘리며 왕의 침전을 향해 큰 절을 올렸다. 이 소문을 들은 집현전 학사와 선비들은 서로 질세라 더욱 학문에 힘쓰게 되었고, 이후 1443년(세종 25년)에 한글이 창제되었다.

세종 대왕은 능력 있는 사람들을 적재적소에 배치해 그들을 위함으로써 자기 자신이 엄청난 자질을 지닌 왕이라는 것을 스스로 증명해 내었던 것이다. 원장이 왕은 아니더라도, 이처럼 능력 있는 사람들을 적재적소에 배치해 그들과 함께 일하며 그들의 성공을 돕는다는 것 자체가 자기 자신이 엄청난 자질이 있는 원장이라는 것을 스스로 증명해 내는 것이라는 점을 기억할 필요가 있다.

세 번째 원칙, 정직하다

학원을 성장시키는 원장은 사람들에게 정직하고자 노력한다. 여기서 정직하다는 것은 약간의 진정성만으로는 안 된다. 진심으로 정직해야만 한다. 언제 어디서나 보는 눈이 있다는 것을 기억해야 한다. 사람들은 원장의 실수를 이해해 줄 수도 있고 용서해 줄 수도 있을 것이다. 사람의 본능적인 측면에 대해서는 누구나 인지하고 있으며, 사람이기에 실수할 수도 있고, 사람이기에 본능적으로 자신의 이익만을 바라볼 수도 있다는 것을 알고 있기 때문이다. 하지만 본능을 억제할 수 있는 원장만이 성장을 이루어 낼 수 있다. 그렇기에 거짓으로 실수를 은폐하려는 시도나 사익을 위한 거짓에 대해서는 사람들이 용서는커녕 잊어버리지도 않는다는 것이다. 신뢰와 믿음과 기회는 정직에서부터 시작된다는 사실을 잊지 말자.

2016년 1월 20일 자 『중부매일』 기사 중에서 우리나라에서 교사 생활을 하다가 미국으로 이민을 떠난 한인 교포의 이야기를 소개하고자 한다. 그는 미국에서 생계를 위해 할 수 있는 일을 찾다가 마땅히 할 일이 없어 어쩔 수 없이 세탁소를 열게 되었다. 하지만 세탁소 일은 생각보다 힘들었고, 고객들에게 무시당하는 자신의 모습이 수치스럽고 자존심이 상하기에 세탁소를 그만두고 싶은 순간이 너무나도 많았다. 하지만 생계를 위해 참을 수밖에 없었다. 그러던 어느 날 맡겨진 세탁물의 안주머니에서 1,000달러가 발견되자 그는 투덜거리며 말했다. "하는 일도 힘들고 자존심도 상하는데 이제는 시험거리까지 생기는군." 그리고 며칠 후 세탁물의 주인이 옷을 찾으러 오자 분노해 따지듯이 그에게 말했다. "왜 이런 걸로 나를 시험하는 겁니까?" 세탁물의 주인은 정말 몰랐다고 말하며 옷과 돈을 찾아갔다. 그런데 얼마 후 이 사실이 뉴욕시에 소문이 났고, 『뉴욕타임스』에서 '정직한 세탁소'라는 제목으로 세탁소 사진과 기사를 실었다. 그러자 많은 사람들이 정직한 한국인을 보기 위해 세탁소를 찾아와 옷을 맡기기 시작했고, 세탁소는 직원 20명이 근무하는 대형 세탁소로 확장될 수 있었다. 그러던 어느 날 뉴욕에 본부를 둔 항공사 부사장이 세탁소를 찾아와 말했다. "신문에서 당신의 기사를 보았습니다. 당신의 세탁소에 우리 항공사에서 나오는 모든 세탁물을 맡기고 싶습니다." 그 후 세탁소는 임직원 700명이 넘는 거대한 기업이 되었다.

자신에게 주어진 업무를 위해 전력을 기울인다면 어느 정도 성장을 이루어 낼 수 있을 것이다. 하지만 거기에 정직함을 더할 수 있다면 기회는 반드시 당신을 찾아내고야 말 것이다. 그것만이 기대 이상의 평가를 받을 수 있는 비결이며 성장을 이루어 낼 수 있는 유일한 방법이다. '정성'의 국어사전 정의를 보면 "온갖 힘을 다하려는 참되고 성실한 마음."이라고 규정되어 있다. 그렇기에 정성을 다하려는 사람을 이길 수 있는 사람은 없다는 것이다. 정성이라는 말에는 정직하다는 의미가 내포되어 있다. 사람들을 대할 때 정성을 다하려는 노력을 시도해 보자. 0.028킬로그램의 황금을 얻기 위해서는 수십 톤 이상의 흙을 퍼내야만 한다고 한다. 속에 꾸밈이나 속임수가 전혀 없는 순금이 되기 위해서는 얼마나 자기 자신의 거짓을 퍼내는 노력을 해야만 하는 걸까? 그렇지만 불가능한 것은 절대로 아니다. 필자가 모셨던 원장님들은 기대했던 것 이상으로 정직하기 위해 노력했기에 신뢰와 믿음을 바탕으로 학원의 성장을 한 단계씩 이루어 나갈 수 있었다.

네 번째 원칙, 성실하다

학원을 성장시키는 원장들은 거의 대부분의 시간을 학원에서 보내며 해야 할 일을 찾아내고 아이디어를 실현한다. 성실하다는 것은 다른 사람들이 보았을 때에는 불가능해 보이지만 어쩌면 가능할지도 모르는 일들을 이루어 내는 것을 말한다. 그것은 자신이 할 수 없는 일에 집중하는 것이 아니라 자신이 할 수 있는 일에 집중함으로써 문제를 하나씩 해결해 나갈 때 이루어진다.

정직함과 성실함으로 무장하고 끊임없이 학원 성장을 위해 연구하는 자세를 지닌 원장이 경영하는 학원은 반드시 성장하게 되어 있다. 성실하다는 것의 또 다른 의미는 극한의 상태에 이르더라도 학원의 성장을 위해서라면 더 힘든 길도 선택할 수 있다는 것을 의미한다. 그렇기에 성실함으로 무장되어 있는 원장은 아무리 어려운 장애물에 부딪히더라도 '한 번 더! 한 번만 더 해 보자! 할 수 있어!'라는 정신으로 다시 시도하면서, 똑같은 방법이 아닌 다른 노력을 통해서 극복해 내는 지혜까지도 겸비하게 되는 것이다.

아시아축구연맹AFC이 발표한 아시아 역대 최고 월드컵 영웅 순위 1위, 네덜란드 명문 클럽 PSV 에인트호번의 역대 최고 선수 15위에 선정된, "영원한 캡틴"이라 불리는 박지성. 그는 아래와 같은 말을 하며 자신의 마인드를 알려 주었다.

"중요한 것은 내가 쉬지 않고 뛰고 있다는 것이지, 그들이 내 앞에 있다는 사실이 아니었다. 언젠가는 그들도 한 번쯤은 쉴 것이고, 그때 내가 쉬지 않고 나아간다면 차이는 조금이라도 줄어들 것이다."

당신은 대한민국의 박지성이라는 선수를 알고 있는가? 그렇다면 당신도 그와 같은 마인드로 성실하게 나아간다면 고객들은 당신을 알게 될 것이다.

대한민국에서는 절대적으로 안전하다고 말할 수 있는 학원은 있을 수 없기에, 학원의 생존과 성장을 위해서는 '적당히'라는 유혹을 뛰어넘는 성실함으로 무장해 무한한 노력과 에너지를 쏟아부어야만 한다. 그런 식으로 학원의 목적과 목표를 위해 자신이 가진 모든 능력을 남김없이 쏟아 붓는 과정 그 자체가, 성실함으로 무장되어 있는 원장들에게는 목표를 이루어 내는 것만큼이나 중요한 과정이기도 하다. 그렇기에 다른 사람들이 불가능하다고 말했지만 어쩌면 가능할지도 모르는 일들을 헉헉대며 이루어 내고는, 아무 일도 없었다는 듯이 또다시 학원 운영에 전념하면서 학원을 성공적으로 성장시킬 수 있다는 확신을 가질 수 있는 것이다.

다섯 번째 원칙, 답변 가능한 질문을 한다

'학원을 성장시킬 수 있을까?'라는 걱정 어린 질문을, '어떻게 하면 학원을 성장시킬 수 있을까?'라는 답변이 가능한 질문으로 변화시킨다. 입학 상담이 적다고 근심하는 것이 아니라, '어떻게 하면 입학 상담을 늘릴 수 있을까?'라는 식으로, 고민을 '질문'으로 바꾸어 버린다. 근심을 질문으로 바꾸어 버리면 우리의 잠재의식은 그 질문에 대한 답을 찾기 위해 분주하게 사고할 것이며, 우리가 의식적으로 그 질문에 대한 답을 찾기 위해 생각하거나 자료를 찾거나 조언을 듣고 실행하는 과정 속에서 문제 해결의 실마리를 찾게 될 것이기 때문이다.

연세대학교 입학처 공지 사항에 있는 「2021학생부종합전형 안내서」의 내용 중에는 수험생이 질문을 통해 자기 주도성을 보여 준 예시가 있다. 외국에서 자신의 계정 해킹 시도가 있었다는 메일을 받고, '어떻게 하면 어려운 비밀번호를 만들어 내서 쉽게 기억할 수 있을까?'라는 질문을 통해 자신의 아이디어를 발전시켜 나가며 장점을 부각시켜서 연세대학교에 학생부종합전형으로 합격한 것이다. 아래에 예시로 나와 있는 전문을 공유하고자 한다.

"외국에서 제 계정 해킹 시도가 있었다는 메일을 받고 보안에 관심을 갖게 되었습니다. … 그 후 저는 어려운 비밀번호를 쉽게 기억할 수 있도록 영어 단어 암기에 주로 사용되는 연상 기억법과 질의응답을 접목시켜 '비밀번호 자동 생성 앱' 아이디어를 구상해 내 저만의 아이디어 노트에 적어 두었는데, 2학년 학술제 때 이 아이디어를 구현할 수 있는 팀 프로젝트 기회가 생겨 참가하게 되었습니다. … 약 7개월 동안 프로젝트를 진행하며 스트레스도 받았지만 함께여서 힘든 시기를 더 잘 견뎌 낼 수 있었던 것 같습니다. 정보 동아리 대표로 학술제 발표팀에 선정되었을 때는 그만큼 보람을 느낄 수 있었습니다. … 만약 기회가 되면 보다 안정적인 앱을 만들어 보고 싶습니다."

위의 예시와 같이 좋은 질문을 통해 학원의 본질을 파악하게 된다면 냉철하게 현재의 상황을 인식할 수 있게 된다. 그때 '이 상황 속에서 가장 먼저 해야 할 일은 무엇일까?'라는 질문을 하게 된다면 무엇을 먼저 해야 할지에 대한 우선순위를 정할 수 있다.

학원의 성장을 위해 '나는 좋은 원장인가?'라는 질문을 자신에게 하며 '오늘 나는 그 누구보다 열심히 살았다고 자부할 수 있는가?'라는 물음에 점수를 매기는 원장은 반드시 자신을 위대한 원장으로 성장시키는 계기를 만들어 낼 수 있을 것이다.

여섯 번째 원칙, 평정심을 유지한다

학원을 성공적으로 성장시키는 원장에게는 자신의 마음과 기분을 감추는 능력이 있다. 정직하다는 것과 자신의 감정을 솔직하게 드러낸다는 것은 다른 측면이 있다. 학원 경영에 있어서는 정직해야 하지만, 자신의 감정을 솔직하게 드러내면서 기쁠 때와 슬플 때의 기분 표현이 적나라하게 드러난다거나, 특별히 아끼는 직원과 평범한 직원을 대하는 태도가 확연하게 다르다거나, 성공적인 경영 기법과 성과 등을 경쟁사에 노출시켜서 자신의 능력과 업적을 드러내기 위한 행동을 하는 원장이라면 절대로 경쟁에서 승리할 수 없다. 평정심이란 감정의 기복이 없이 마음이 평안하고 고요한 상태를 말한다. 학원에서의 불평과 불만 그리고 성과가 제대로 나오지 않는 모든 일들에 대해 모두가 원장만을 탓하며 험담하고 있을 때에도 흔들림 없이 원장으로서 본연의 업무에 집중할 수 있다면, 성공과 실패에 대한 감정의 변화 속에서도 똑같은 태도를 유지할 수 있다면, 그것이 바로 평정심을 유지하는 것이다. 원장이 평정심을 잃고 압박감을 느끼며 당황하게 된다면 학원과 조직원들은 깊은 불안감에 빠져 의욕을 잃게 된다. 지금처럼 경기의 침체가 지속되고 학력 인구의 감소 등으로 인해 경쟁이 치열해지는 상황 속에서도 평소의 자세와 태도를 잃지 않고 침착하고 의연하게 행동할 수 있는 원장은 자신의 역량을 최대한 발휘해 낼 수 있다.

독일 통일과 유럽 통합 과정에서 복지국가의 기틀을 다진 20세기 가장 모범적인 정치인으로 손꼽히며 독일 통일을 앞당겼다는 평가를 받는 헬무트 슈미트 전 총리. 그는 2015년 11월 10일 96세의 나이로 타계하기 1년 전, 자신에게 평정심과 용기, 지혜를 안겨 준 사람, 책, 예술 작품 등을 간추린, 『헬무트 슈미트 구십 평생 내가 배운 것들』을 탈고했다. 책에서 그는, 유대인 출신이 드러날까 봐 두려움에 떨던 나치 치하의 청소년 시절 선물로 받은 한 권의 책이 그의 평생의 좌표가 되었다고 말한다. 그 책은 바로 마르쿠스 아우렐리우스의 『명상록』이다. 슈미트 전 총리는 마음이 동요할 때마다 아우렐리우스의 "삶의 희로애락에 일희일비하지 말고 늘 평정심을 유지한 채 삶의 무게를, 삶이 명령하는 의무를 기꺼이 짊어지라."라는 가르침을 가슴에 새겼다. 자유무역을 옹호하는 선진국 클럽인 G7(미국, 영국, 프랑스, 독일, 이태리, 캐나다, 일본) 회의를 제안해 성사시키고, 1975년 유럽 평화의 상징인 유럽안보협력회의(헬싱키수뇌회담)를 성공적으로 이끌어 낸 슈미트 전 총리는 언제나 평정심을 유지하며 성과를 이루어 냈다. 1962년 엘베강 대홍수로 함부르크가 물에 잠겼을 때, 함부르크 주 정부 내무 장관이던 슈미트는 인명 구출을 위해 비난을 감수하며 그에게 없던 권한까지 동원해 경찰과 군 병력을 투입해 수천 명의 인명을 구해 냈다. 또한 1977년 10월 서독의 극좌파 무장 단체인 적군파 테러리

스트들이 독일 루프트한자 항공기를 납치해 90여 명의 승객과 승무원을 인질로 잡고 터키에 수감되어 있는 2명의 팔레스타인 게릴라의 석방과 거금을 요구했을 때도 총리로서의 정치 생명을 걸고 "총리 부부가 테러범들에게 살해되더라도 절대 이들과 어떤 교환도 거부한다."라는 유서를 작성하며 범인들과 끈질기게 교섭했다. 그러다 인질들의 체력이 한계 상황에 이르자 강경 방침으로 선회해 항공기를 아프리카 소말리아 수도인 모가디슈 공항에 강제 착륙시키고 GSG-9 특공대를 급파해 테러범들을 모두 사살하고 인질들을 전원 무사히 구출해 냈다.

  평정심만 유지할 수 있다면 현재의 상황과 같이 학원을 경영하기 어려운 코로나19 시대의 상황 속에서도 조직원을 제대로 이끌 수 있는 원장의 능력이 발휘될 수 있다. 또한 경쟁에서 불리한 위치이거나 모두가 실패를 예견하는 상황 속에서도 원장으로서 해야 할 업무를 분명히 파악하고 행동에 옮겨 학원을 성장시킬 수 있을 것이다. 원장이라고 해서 어떻게 두려움을 느끼지 않을 수 있겠는가? 그럼에도 불구하고 평정심을 유지하며 자신 있게 업무를 추진하다 보면 자신도 모르게 성장하고 있는 학원을 발견하게 될 것이다.

일곱 번째 원칙, 냉철하다

성공적으로 학원을 경영하고 있는 원장들은 인정에 연연하지 않는다. 개인적인 마음으로는 그 누구보다 조직원 한 명 한 명의 사정을 봐주며 이해해 주는 너그러운 사람이 되고 싶겠지만, 학원 경영에 있어서는 개인의 사정보다 더 먼저 생각해야만 하는 것이 조직 전체를 지켜 내며 경영하는 일이다. 그렇기에 어려운 결단을 내려야만 하는 상황이 발생하거나 직원을 해고해야만 하는 경우가 발생하더라도 냉철하게 결단을 내려야만 하는 것이다. 원장이 우유부단하게 시간을 낭비할 경우에는 학원의 운명 또한 우유부단하게 흔들릴 수밖에 없다는 것을 기억해야만 한다. 성공적으로 학원을 운영하기 위해서는 원장을 이해해 줄 수 있는 개인적인 친분이 돈독한 직원보다는, 원장의 명령에 충성하며 업무를 찾아내어 능동적으로 행동할 수 있는 조직원이 더욱 필요한 법이다. 그렇기에 고독은 원장이 반드시 극복해 내야만 하는 감정 중의 하나다. 학원 경영에 필요하다면 어제의 적도 오늘의 친구가 될 수 있으며 오늘의 친구도 내일의 적이 될 수 있기에, 그러한 이유로 경멸의 눈동자와 비난의 말들이 쏟아지더라도 감내해야만 한다. 경쟁 학원의 강사가 우리 학원으로 오는 경우도 있지만, 우리 학원에서 전폭적인 지원을 받고 신뢰받던 강사가 마치 배신이라도 하듯이 경쟁 학원으로 가는 경우도 빈번하기 때문이다. 그렇기에 언제나 대체 인력에 대한 대비도 필요한 법이다.

『워싱턴포스트』, 『뉴욕타임스』, 『타임』이 20세기를 마감하며 발표한 '지난 1,000년 동안 인류 역사에 가장 큰 영향을 준 인물'에 선정된 칭기즈칸. 그는 냉철한 이성으로 통일 국가의 군사 조직을 정비하기 위해 씨족적 결합 관계를 해체하고 자기에게 충성을 맹세하는 부장을 천호 집단의 장으로 임명하며 이런 말을 했다. "우리는 똑같이 희생하고 똑같이 부를 나누어 갖소. 나는 사치를 싫어하고 절제를 존중하오. 나의 소명이 중요했기에 나에게 주어진 의무도 무거웠소. 나와 나의 부하들은 늘 원칙에서 일치를 보며 서로에 대한 애정으로 굳게 결합되어 있소. 내가 사라진 뒤에도 세상에는 위대한 이름이 남게 될 것이오. 세상에는 왕들이 많이 있소. 그들은 내 이야기를 할 거요." 그의 말대로, 냉철한 이성으로 동유럽에서 한반도에 이르기까지 거대한 몽골제국을 건설하고 초원의 패자가 된 칭기즈칸의 이름은 여전히 기억되고 있다. 필자는 독자 또한 자신을 극복하는 냉철한 이성으로 초격차 학원을 만들어 내는 원장으로 기억되기를 바라며 칭기즈칸의 명언을 선물한다.

"집안이 나쁜 것을 탓하지 말라.
나는 아홉 살 되던 해 아버지를 잃고 마을에서 쫓겨났다.

가난을 탓하지 말라.

나는 들쥐를 잡아먹으며 연명했으며,
목숨 건 전쟁이 내 일이었다.

작은 나라에서 태어난 것을 탓하지 말라.
나에게 친구라고는 그림자뿐이었고, 오직 병사만 10만.
백성은 모두 합쳐 200만도 되지 않았다.

배운 게 없음을, 힘이 없음을 탓하지 말라.
나는 내 이름도 쓸 줄 몰랐지만
남의 말에 귀 기울이고
현명해지는 법을 배웠다.

너무 막막하다고,
그래서 포기해야겠다고 말하지 말라.
나는 목에 칼을 쓰고도 탈출했고,
뺨에 화살을 맞고 죽어 가다가 살아나기도 했다.

적은 밖에 있는 것이 아니라 내 안에 있었다.
나는 내게 거추장스러운 것은 모두 쓸어 버렸다.

나를 극복하는 그 순간,
나는 칭기즈칸이 되었다."

2. 인간에 대한 이해가 성과를 만들어 낸다

학원의 가장 본질적인 부분은 사람이 주체가 되어 진행해야만 가능한 단체이며 활동이라는 것이다. 인터넷의 발달과 시대적인 현상이 맞물려 인터넷 강의가 대세가 되어 가고 있다. 하지만 인터넷도 결국은 사람이 주체가 되어 운영되기에, 온·오프라인 학원 모두 사람에 의해서 운영된다는 본질은 변하지 않는다. 그렇기에 학원을 통한 성과를 이루어 내기 위해서는 사람에 대한 기본적인 이해가 전제되어야 한다. 사람이 주체가 되어 진행되어야만 하는 사업 중에서 학원 경영은 학생들을 직접 교육하며 소통하는 강사의 역량과 자질이 무엇보다도 중요하다. 그렇기에 강사 양성을 위한 노력만큼이나 강사들이 머무르고 싶은 학원을 만들기 위해 노력해야만 한다. 강사들이 학원을 선택하는 이유는 크게 세 가지다.

첫째, 경제활동을 하기 위해서다.

둘째, 유명한 강사가 되기 위해서다.

셋째, 삶의 목적을 이루기 위해서다.

 강사의 안정감과 만족도는 그대로 수험생에게로 흘러 내려간다. 강사가 학원에 애정을 가지고 헌신할 수 있도록 돕기 위해서는 강사 특성에 맞는 전문성을 발견하고 지원해야 한다. 그래서 최고의 강의력을 지닌 강사가 되기 위해 스스로 노력하며 학생을 위해 헌신하려는 자세를 지닐 수 있도록 동기부여를 지속적으로 해 주어야 한다. 또한, 그러한 과정을 통해 유명한 강사가 되었을 때에도 만족할 수 있는 수익을 가져갈 수 있도록 타당한 계약이 이루어져야만 한다. 그리고 학원의 운영 목적과 가치관과 미래 비전을 통해 강사와 학원이 함께 성장해 나갈 수 있는 미래를 꿈꿀 수 있도록 도와야 한다. 인간의 본성 자체가 철저하게 자신의 이익을 좇는 존재라고 하더라도, 학원은 사람과 사람이 만나는 현장이기에 학원 강사의 최고 덕목은 수험생에게 진정성을 가지고 임하며 자신을 성찰할 줄 알고 배려할 줄 아는 사람이다. 강사의 뒤에서 끊임없이 강사를 지원하는 학원의 조직원에 대해서도, 학원이라는 특수성 때문에 학력이나 자격과 같은 스펙을 아예 무시해버릴 수는 없지만, 학원 조직원의 최고의 덕목은 '수험생에게 진정성을 가지고 임하며 자신을 성찰할 줄 알고 배려할 줄 아는 사람'이다. 이런 좋은 사람을 알아볼 수 있는 안목을 기르는 것도 아주 중요하다.

학원에서 가장 중요한 사람은 누구일까? 대부분 원장이나 강사 혹은 수험생이라고 말할 것이다. 하지만 당신이 학원에서 만나는 모든 사람들은 무의식적으로 자신을 가장 중요한 사람으로 대접해 주기를 기대하고 있다. 그들은 당신이 자신을 알아보고 대접해 주기를 원한다. 만일 당신이 그들을 존중하고 원하는 것을 이루어 주기 위해 함께 노력해 그들을 당신 편으로 만든다면, 당신은 탁월한 조직력으로 인해 당신의 목표를 훨씬 더 빠르게 이룰 수 있게 될 것이다. 만일 당신이 그들의 그런 요구를 모른 체하고 들어주지 않는다면 언제 가는 당신이 예기치 못한 순간에 그들이 당신을 떠나 버릴 수도 있다. 사람들은 당신이 타인을 위해서 하고 있는 좋은 일들이나 당신이 처해 있는 상황에 대해서는 별로 관심이 없다. 사람들의 관심은 '이 사람이 나에게 무엇을 해 줄 수 있을까?'다. 다시 말하자면 '이 사람을 어떻게 이용할 수 있을까?'인 것이다.

수험생에게는 무엇을 해 줄 수 있을까? 학부모에게는 무엇을 해 줄 수 있을까? 조직원에게는 무엇을 해 줄 수 있을까? 강사들에게는 무엇을 해 줄 수 있을까? 진정성을 가지고 고민해 보자. 그리고 생각한 것을 실천해 보자. 설사 그들에게 이용당하고 있는 것이라고 하더라도 당신의 진정성이 담긴 행동은 학원의 성장을 도울 것이다. 내부 고객의 만족이 외부 고객의 만족으로 이어지면, 수험생과 학부모의 만족과 믿음은 조직원이 더욱 진정성을 가지고 학원의 발전을 위해 노력하게 만들 것이기 때문이다. 하지만 반드시 잊지 말아야 하는 제1원칙은, 언제나 학원은 수험생을 위해 존재한다는 사실이다. 사실 수험생들은 시험에 대한 압박감과 장기적으로 진행되어온 수험 생활로 인해 지칠 대로 지쳐 있는 경우가 많기에 신체적으로나 정신적으로 생각보다 많이 나약해져 있는 경우가 많다. 그렇기에 수험생들은 변화에 민감하게 반응해 쉽게 예민해질 수 있으며 사소한 일들을 크게 부풀려 생각할 수도 있고, 자신에게 이익이 되지 않는 사람을 무시하며 함부로 행동할 수도 있다. 그 사실을 항상 인지하고 있어야 갑작스러운 행동 변화나 거칠고 무례한 태도에 대응할 수가 있다. 누구나 마찬가지이지만 특히 수험생들은 때때로 상상 이상으로 이기적인 행동을 할 수도 있으며 선생님을 잘 따르다가도 자신의 이익 앞에서는 무섭게 돌변할 수도 있다. 하지만 수험생들이 아직은 성장과 변화를 기대해 볼 수 있는 어린 나이라는 것에 기대를 걸고, 자신이 한 알의 밀알이 되어 썩음으로써 변화시키고 성장시켜 내겠다는 심정으로 수험생을 향한 진정한 애정과 관심을 가진다면, 수험생의 마음에 다가가 잘못된 행동을 변화시키고 성장시키는 위대한 스승이 될 수 있을 것이다.

한 가지 명심해야 할 것은 아무리 화가 나고 열이 뻗쳐오르는 상황이 발생하더라도 감정을 드러내서는 절대로 안 된다는 것이다. 그래서는 결단코 변화를 기대할 수 없다. 신뢰가 무너져 버리고, 수험생이 선생님의 인격 자체에 실망해 선생님을 더욱 싫어하게 되고 더욱 무시하게 되기에 상황이 악화될 수밖에 없기 때문이다. 너무 화가 나고 억울해서 열이 뻗쳐오를 때에는 차라리 당사자에게는 너무나도 미안한 말이지만 '말 잘하는 원숭이가 앞에 있다.'라고 생각하며 무시해 넘기거나, 그래도 안 되면 고사리를 먹으면 된다. 참고로, 고사리는 기막힌 일을 당해 열이 뻗쳐오르는 것을 가라앉혀 주는 성질이 있어 선조들이 애용하던 방법이다. 그리고 필자가 느끼기에는 경상북도 예천의 회룡포어화원에서 채취되는 자연산 고사리가 일품이다.

지금부터, 필자가 K 학원에서 근무할 때의 일화 두 가지를 소개하고자 한다. 학생들을 지도하는 데 있어서 필자가 위기를 대처했던 방법을 참고해 보는 것도 도움이 될 수 있을 것 같다.

K 학원의 남학생 스토리

학원에서 어떤 사람에게도 호의적이지 않고 선생님들의 말을 무시하면서도 친구들에게는 인기가 있어서 사람들을 몰고 다니는 유형의 학생이 있었다. 필자는 그 학생의 이름을 일부러 확인해 외운 후에 스승으로서의 애정으로 깊은 관심을 가지고 유심히 바라보았다. 그러다가 마침 옆을 지나가는 그 학생의 이름을 부르며, '공부는 잘되고 있는지, 성적은 원하는 만큼 향상되고 있는지, 수험 생활 중에 힘든 것은 없는지' 등 도움이 필요한 것이 없는지에 대해 확인하며 대화를 시도했다. 학생은 자신의 담임도 아니고 한 번도 대화해 본 적이 없는 선생이 자신의 이름을 알고 있다는 것에 대해 놀라는 눈치를 보였다. 그러면서도 이름을 정확하게 부르며 자신에 대한 관심을 표현한 것에 대해 생각했던 것 이상으로 기뻐하며 자신의 고민을 상담했다. 물론 그때까지는 학생이 지금까지 학원에서 지내 왔던 모습과 같이, 특유의 '건방지다'고 표현될 만한 분위기가 여전히 풍겨 나오고 있었다. 하지만, 필자는 학생에게 어른으로서의 충고를 하는 대신에 학생의 고충을 듣고 도움이 될 만한 사례들을 들어 가며 조언을 해 주기 위해 노력했다. 그 이후로도 학생과 지나칠 기회가 있을 때마다 이름을 부르며 안부를 물었는데, 2주 정도가 지난 시점부터 갑자기 그 학생이 필자에게 친근감을 표시하며 먼저 다가와 인사를 하는 것이었다. 그러고는 친구들에게 자신은 정대회 선생님이 학원에서 제일 좋다며 자랑까지 하는 것이다. 물론 학생의 기본적인 태도에서는 여전히 특유의 분위기가 풍겨 나왔지만, 언젠가는 그러한 태도 또한 변화될 것이라는 믿음을 가지고 기대하는 마음으로 기다리며 관심과 애정을 가지고 지켜보았다. 그러던 어느 날, 예기치 못했던 상황이 벌어지고 말았다. 그 학생이 다른 학생과 지나쳐 가다가 우연히 어깨를 부딪혔는데, 먼저 사과하지 않았다고 주먹으로 얼굴을 가격해서 상대 학생의 앞니 하나가 통째로 빠져 버린 것이다. 교실에서 학생들을 지도하다가 교무실에 들어가 보니 학생 한 명이 손으로 얼굴을 감싸고 있는데 손가락 사이로 피가 흘러내리고 있었다. 순간적으로 긴급한 상황이라는 판단이 들어, 필자는 전후 사정을 물어보지도 못하고 급하게 학생의 상태를 확인한 후에 학생과 함께 대학 병원 응급실로 향했다. 저녁 9시가 넘은 상황인지라 응급 진료가 가능한 대학 병원으로 한 시간가량을 운전해 가고 있는데, 선생으로서 당연히 해야 할 일을 하는 것인데도 불구하고 피해 학생은 자신의 상처를 잊은 것처럼 필자에게 진심으로 고마움을 표현하고 있었다. 응급실에 도착해 검진 후 의사는, 보존해 온 치아를 원래 자리에 그대로 다시 심는 치아 재식술을 시행하겠지만 성공 여부는 지켜봐야 할 것 같다는 진단을 했다. 그 사건 이후, 충분히 학원에 문제 제기가 진행될 수 있는 상황이었음에도 불구하고, 두 학생 모두에게 호의적이었던 필자의 중재로 해당 사건은 두 학생의 학부모가 합의를 보는 것으로 학원에 피해를 주지 않는 선에서 마무리가 되었다. 물론, 두 학생의 학부모 모두가 필자에게 자신에게 유리하도록 사건을 중재해 달라는 요청을 해 곤란한 적도 있었지만, 다행히도 두 학생이 화해하며 사건은 일단락이 되었고 치아 재식술도 성공적으로 마무리되었다. 그 사건을 지켜본 동료들은 필자에게 고생했다며 많은 격려를 해 주었는데, 사실 필자는 피해 학생의 담임도 아니었고 학원에 수험생만 900명이 넘는 상황이었기에 피해 학생과는 일면식도 없는 상황이었으니, 어찌 보면 개인적으로는 하지 않아도 되는 책임을 스스로 진 것이었다. 잘 해결되어서 다행이지 문제가 생겼었으면 피곤할 뻔했다는 생각도 들지만, 그런 긴급한 상황 속에서 '누구나 할 수 있고, 누군가가 해야만 하는 일이라면 내가 하겠다.'라는 기본적인 마음 자세를 실천한 것이 더 큰 상황을 예방할 수 있었던 것이 아닌가 싶어 다행이라는 생각이 든다. 만일 대학 병원 응급실을 조금만 더 늦게 갔더라면 치아 재식술은 시도조차 할 수 없는 상황이었다. 또한 교무실에 있던 교사들은 모두 당황스러워서 그랬는지 자기 자리에서 지켜만 보고 있던 상황이었다. 그렇기에, 필자가 나서서 해결한 것이 오지랖이었다고 하더라도 후회되지 않는 훌륭한 선택이었다고 생각한다. 벌써 7년이 지난 일이지만 동료들을 만날 때면 항상 그 이야기를 회상하기에, 지금은 필자에게 없어서는 안 될 소중한 경험들 중 하나다.

K 학원의 여학생 스토리

　필자가 맡고 있는 반은 남학생과 여학생이 함께 배정되어 있었다. 그런데 여학생들이 학습 반경을 위한 자리 확보 문제로 신경전을 벌이다가 급기야는 사사건건 시비가 붙어 버려 상황이 확대되는 사건이 발생했다. 솔직하게 필자는 그때까지 그러한 일들이 벌어지고 있다는 것에 대해 인지하지 못하고 있었다. 그런 채로 사건이 발생했고, 학생들이 단체로 원장에게 항의를 하자 학원에서는 사건의 심각성을 판단한 후에 문제의 원인이 된 학생을 퇴원 조치하는 게 어떻겠느냐는 의견을 제시했다. 필자는 해당 학생이 입시 실패라는 두려움을 안고 있는 스무 살이라는 어린 나이이기에 아직은 학원에서의 소속감이 필요하다는 판단이 들었다. 학생을 지켜야겠다는 판단을 한 후, 관련 부서를 쫓아다니며 담당 팀장들과 상담을 시작했다. 내용은 학생이 학원에 남아 공부를 지속할 수 있도록 허가해 달라는 요청이었고, 필자가 문제 상황을 해결할 수 있도록 기회를 달라는 것이었다. 그렇게 해당 학생들과는 상담조차 하지 못한 채 관련 부서 팀장을 쫓아가 상담을 하고 있었다. 당시 상담실이 유리로 되어 있었는데 경황이 없어서 문까지 열어 두고 상담을 하는 바람에, 밖에서 다른 학생들이 지나다니며 나의 모습과 상담 내용을 엿들으면서 "아버지가 상담하고 있는 것 같다.", "마치 부모님 같다."라는 등의 말을 하는 것이 필자의 귀에 들어왔다. 학생들에게는 그렇게 보일 만도 했다. 나는 마치 내가 죄를 지은 것처럼 학생에게 기회를 달라고 조심스럽게 요청하고 있었고, 해당 팀장은 학원의 입장을 대변하는 듯 한 모습으로 학생에 대해서 대화를 나누다가 "원래 안 되지만 정대회 선생님이 간곡히 부탁하시니 이번 한 번만 기회를 드리겠습니다."라고, 마치 자신이 학원 입장에서 큰 혜택을 필자에게 제공하고 있는 것처럼 말하고 있었기 때문이었다. 그렇게 상담을 마치고 급하게 교실로 달려가 해당 학생들을 단나 상담을 하려고 하는데, 이미 상황이 종료되어 있는 것이었다. 학생들이 서로 사과를 하고 화해를 했던 것이다. 필자는 문제의 원인이 되었던 학생을 불러 다른 말은 하지 않고 괜찮은지만 물어보았는데, 학생이 울면서 이런 말을 하는 것이다. "선생님, 저 원래 밖에서는 절대 이러지 않는데, 왜 그렇게 생각했었는지 후회되지만, 학원에서는 정말 이기적으로 그렇게 해도 되는 건 줄 알았어요, 정말 죄송해요." 필자는 학생의 말을 듣고는 충분히 실수에 대해 반성하며 변화된 것 같다는 생각이 들어서, 누구나 그런 실수를 한 번쯤은 할 수 있으니 괜찮다고 하며 잘 해결되어서 다행이라는 말을 해 주었다. 학생과의 상담이 끝나고 교실 복도에 앉아 있는데, 필자에게 호의적이었던 다른 반 학생들이 찾아와서는 이야기해 주었다. 필자가 마치 부모님처럼 자신을 지키기 위해 상담하고 있다는 말을 해당 여학생이 친구에게 전해 듣고는 상담실에 내려와 필자의 모습을 봤다는 것이다. 그러고는 울면서 다른 학생들에게 다가가 먼저 사과를 했고, 사과를 받은 학생들도 필자의 모습에 측은함을 느꼈는지 금세 사과를 받고 서로 화해했다는 것이었다. 필자가 그때 깨닫게 된 것은, 학생들은 모르는 것 같아도 다 알고 있고, 안 보는 것 같아도 다 보고 있다는 사실이었다. 필자의 경험으로 보건대 진심으로 수험생을 위하는 마음과 행동은 수험생 스스로를 변화시킬 수 있는 기회를 제공하는 계기가 될 수 있다는 것이다.

만일 당신이 학원을 위해 무엇인가를 하고 싶은데 그 방법을 모르겠다면 단도직입적으로 물어보는 것도 좋은 방법이다.

"공부에 집중하는 데 더 도움을 주려면 어떻게 하는 게 좋을까?"

"업무 환경을 어떻게 개선하면 더 좋은 학원이 될 수 있을까요?"

이러한 질문의 대답에 대해 학원 운영에 적용할 수 있는 것들을 적용해 나간다면, 당신의 학원은 얼마 지나지 않아 지역 내에서 독보적인 학원이 되어 있을 것이다.

인간에게는 누구나 인정받고 싶은 욕망이 있다. 그렇기에 성공적으로 학원을 성장시키는 원장들은 학원 사람들의 긍정적인 면을 파악해 칭찬으로 장점을 극대화시킨다. 그렇다면 학원 사람들의 긍정적인 면을 파악하는 방법은 무엇일까? 바로 대화를 자주 나누는 것이다. 성공한 원장들은 진지하게 학원 사람들에게 말을 건다. 학원 업무에 대해서뿐만 아니라 개인적인 일에 대해서도 관심을 가지고 챙겨 주기 위해 노력한다. 성공한 원장들은 대화의 가장 중요한 부분이 '잘 듣고 좋은 질문을 하는 것'이라는 것을 알고 있다. 쓸데없는 잡담이라고 생각되더라도, "그렇게 판단하게 된 근거가 뭐지?", "그렇게 생각하는 이유는?", "지난번 그 일은 어떻게 됐어?" 등등, 진심으로 학원 사람들의 이야기에 반응하며 경청한다. 이렇게 편안하게 이야기를 할 수 있도록 상대방에게 집중하기 때문에 사람들은 원장이 자신을 소중하게 생각한다는 것을 느끼고, 자신의 진심까지도 털어놓으며 원장을 신뢰하고 다시 한번 업무에 집중할 힘을 얻는다. 이러한 대화를 나눌 때 참고하면 좋은 것은, 중요한 내용은 반드시 메모를 해 보관해 두어야 한다는 것이다. 사람의 기억력에는 한계가 있기에 그만큼 메모의 위력은 대단하다. 생각지 못했던 아이디어를 얻을 수도 있고 대화를 나눈 사람의 생일, 취미, 고향, 가족, 성향 등을 자세하게 파악해 다음번 대화 때 참고할 수도 있기 때문이다. 누구나 자신에 대해 관심을 가지고 기억해 주는 사람에게는 호의를 갖게 되기에 학원의 팀워크도 단단해질 것이다. 원장이 학원 사람들의 인생과 가족까지 생각할 때, 학원 사람들은 자발적으로 생각하고 일을 찾아내어 하게 되며 학원의 목표를 자신의 목표라고 여기게 될 것이다.

이처럼 신뢰는 학원 경영에서 가장 중요한 사항이다. 그렇다면 이렇게 어렵게 얻은 신뢰를 유지하기 위해서는 어떻게 해야 할까? 시간 약속을 철저하게 지키면서, 한번 내뱉은 말에는 책임을 지는 모습을 보여 주면 된다. 나의 시간이 중요하듯이, 아무리 한가해 보이는 시간이라도, 설사 정말로 한가한 상황이라고 하더라도, 상대방의 시간은 생각하는 것 이상으로 중요하다. 상대방은 원장이 시간을 얼마나 철저하게 지키는가를 기준으로 원장에 대한 기본적인 판단을 내릴 것이기 때문이다. 또한 말에 책임을 진다는 것은, 한번 내뱉은 말은 반드시 실천한다는 것이다. 설사 마음이 바뀌거나 손해를 보게 되더라도 한번 내뱉은 말을 지켜 내는 원장을 향한 신뢰는 가시적인 조직의 성과로 나타나게 될 것이다. 그러나 대화가 아닌 지시나 자신의 뜻을 전달해야 할 때에는 상대방이 쉽게 이해할 수 있도록 중요한 핵심을 간단하고 정확하게 말하는 연습을 하는 것이 좋다.

3. 학원과 함께하는 인재를 양성한다

학원과 함께하게 될 인재를 영입하려 할 때 봐야 할 가장 중요한 덕목은 무엇일까? 내가 지금까지 모셔 왔던 원장님들은 하나같이 이구동성으로 말씀하신다. "학원은 결국 사람이 하는 일이기에, 인격이 가장 중요하다." 결국은 사람 자체가 가장 중요하다는 말이다.

필자가 근무했던 학원에서는 채용 공고를 내놓으면, 서류 평가 이외에 두 번의 면접을 실시한다. 대체로 1차 면접은 두 명의 면접관이, 여섯 명 정도의 지원자를 대상으로 단체 면접을 진행한다. 면접 시 지원자들에게는 대략 세 가지 정도의 질문이 주어지는데, 이때 면접관들은 발표자의 대답을 들으면서 사실은 발표자의 발표만이 아닌 다른 지원자들의 모습까지도 지켜본다. 자신의 질문 순서가 끝났다거나 아직 답변하기 전의 지원자들은 대부분 다른 지원자의 질의응답에 대해 별로 관심을 두지 않고, 자신의 대답에 대해 고민하며 생각에 잠기곤 한다. 그런데 면접관들은 사실 이때부터 지원자들 중 태도가 좋지 못한 사람부터 하나둘씩 탈락시키는 과정을 진행하는 것이다. 왜 이렇게 진행되는지 생각해 보면 이유를 알 수 있다. 학원 업무는 사람이 하는 작업이기에, 타인을 존중할 줄 모르는 사람은 학원 업무에 적합하지 않다고 생각하는 것이다.

필자는 예전에 지원한 곳의 면접에서, 면접관에게 학원 업무를 하면서 가장 중요하게 생각해야 하는 덕목이 무엇인가를 질문했다. 그때 면접관은 이렇게 말했다. "능력이 정말 뛰어나 많은 일들을 혼자서 해내며 앞서갈 수 있는 사람보다는 다른 사람들과 함께 갈 수 있는 자세, 동료를 소중히 여기며 모두 같은 걸음으로 학원 전체를 발전시키려고 노력하는 자세가 정말 중요하네." 아프리카 코사족의 속담에 "빨리 가려면 혼자 가고 멀리 가려면 함께 가라."라는 속담이 기억나는 대목이다.

학원을 위하는 가장 중요한 가치가 무엇인지를 생각해 보자. 초격차 학원을 만들어 내기 위해서 한 명이나 두 명은 너무나 미약할 뿐만 아니라 불가능할지도 모른다. 모두가 함께 가야 한다. 업무력이 정말 대단하다고 평가받는 사람이라도 함께 일해야만 하고, 아무리 부족하다고 생각되는 사람이라도 함께 일해야 한다. 처음에는 정말 느린 것 같고 답답한 마음이 들지라도 나중에 그런 학원은 지역을 넘어 전국을 제패하게 된다.

학원에서 직원을 평가하는 기준은 제각각 다르겠지만 성장하는 학원에서는 평가 항목에 업무력 이외에도 상사나 동료, 그리고 후배와의 인간관계를 평가 항목에 추가해 평가하고 있다. 자기 혼자 잘나서 엄청난 업무 추진력과 성과를 보이더라도 인간관계에서 탈락하면 성장하기 어렵다는 것이다. 사실 관리자의 위치로 올라가면 올라갈수록 부하 직원을 움직일 수 있는 관리 능력이 무엇보다 중요해지기 때문이다. 그런 상사만이 부하 직원을 성장시키고 학원을 성장시킬 수 있으며, 부하 직원을 성장시켜 내는 만큼 학원과 자기 자신도 자연스럽게 성장하게 된다는 것을 알고 실천한다. 그렇기에 그런 상사 밑에서는 상사 자신만큼이나 능력을 갖춘 인재들이 많이 양성되며, 의도치도 않은 상황에서 원하지 않더라도 자연스럽게 라인이라는 것이 형성되어 버리기도 한다. 따르는 사람들이 많아지게 된다는 의미다. 혼자서는 엄두도 낼 수 없는 그러한 일들이 팀워크를 통해서는 가능해진다는 사실을 항상 기억하자. 테레사 수녀는 이런 말을 했다. "나는 당신이 할 수 없는 일을 할 수 있고, 당신은 내가 할 수 없는 일을 할 수 있다. 하지만 함께라면 우리는 멋진 일을 할 수 있다."

학원에 필요한 업무력이 뛰어나지만 다른 동료들을 무시하거나 자기밖에 모르는 사람보다는, 인간성이 좋은 사람이 장기적으로는 학원에 훨씬 더 필요한 인재라는 것을 기억하자. 물론 지금 당장은 가르치지 않아도 업무를 잘 해내는 사람의 능력을 활용해서 학원의 성과에 도움을 받을 수도 있겠지만, 장기적으로는 학원의 이미지와 고객의 만족도에 결코 도움이 되지 않는다. 개인플레이만을 일삼는 사람은 학원의 전체적인 팀워크에 결코 도움이 되지 않는다는 것을 기억하고 신규 직원을 채용해야 할 때부터 학원과 함께할 수 있는 인재를 영입하기 위해 노력을 해야만 한다.

필자가 근무했던 학원에서는 조직원의 결혼식이나 장례식이 있을 경우, 정말로 시간을 내기 힘들더라도 찾아가서 축하하거나 위로해 줄 수 있는 방법을 찾기 위해 노력했다. 이렇게 경조사를 적극적으로 챙기기 위해 노력함으로써 학원의 동료애를 함양시키고 학원에 대한 충성도를 높일 수 있다는 것을 기억하자.

대형 학원에서는 보통 그룹웨어라는 학원 내 전산망을 사용하고 있다. 학원에서는 이 프로그램을 통해 출퇴근 및 휴가에 대한 보고를 하고, 학원과 업무에 대해 자세한 내용들을 투명하게 공지하고 있다. 하지만 가장 중요한 것은 전국에 위치한 모든 학원의 경조사 및 인사 발령과 관련된 사항에 대한 공지가 그룹웨어를 통해 이루어지고 있다는 사실이다. 이를 통해 조직원 간에 서로를 위로하거나 축하해 줄 수 있도록 도움으로써 전체적인 학원의 팀워크를 돕고 있는 것이다. 학원에서 이루어지는 일들은 모두 사람들을 위한 것들이다. 조직원의 삶의 질을 향상시키고, 수험생이 꿈을 이룰 수 있도록 도와주는 것이 학원의 존재 목적인 것이다. 사람을 성장시키기 위해 학원이 존재한다는 그 근본 원칙을 확실하게 꿰뚫어 봐야만 한다.

"티끌 모아 태산"이라는 속담이 있다. 우리의 인생을 변화시키는 것은 엄청나게 큰 일들이 아니다. 평소에는 관심조차 없던 아주 작은 일들이 때로는 학원의 운명을 좌우하는 중대 변수로 등장하기도 한다. 사람들은 사소한 일에는 전혀 관심조차 주지 않고 있다가 나중에야 해결할 수 없을 정도로 악화되어 버린 상황을 눈앞에서 확인하고는 땅을 치며 후회하기도 한다. 그러므로 사소한 것이라고 생각되더라도 결코 가볍게 생각할 수만은 없는 것이다. 사소한 것으로 간과하기 쉬운 것 중의 하나가 '예의범절'이라는 것인데, 사실 '예의'라는 것은 상대방을 존중한다는 것보다 더 큰 의미를 지니고 있는 듯하다. 그것은 바로 예의를 지킴으로써 나와 조직을 보호한다는 것이다. 다시 말하자면 자신을 보호할 수 있는 가장 강력한 무기는 바로 '예의범절'이라는 것이다.

학원을 성장시키는 가장 중요한 요소 중의 하나가 '충성도'다. 충성도를 고취시킬 수 있는 방법 중의 하나가 바로 학원 사람들을 대하고 업무를 대하는 자세에 있어서 진정성 있게 애정을 가지고 적극적으로 표현하는 것이다. 그 기본은 인사에서부터 시작된다. 지금부터라도 아주 사소해 보이지만 결코 사소하지 않은 기본적인 인사부터 제대로 하도록 하자. 그리고 정기적인 상담을 통해 서로에 대해, 업무에 대해 대화를 나누며 학원의 성장에 대해서도 의논해 보자. 기대했던 것 이상의 결과에 놀라게 될 수도 있다. 무엇보다 강사와 조직원들에게 인간적인 관심을 보이면서 그들이 누구에게 인사하는지, 누구에게 인사하지 않는지에 대해서도 지켜보도록 하자. 생각보다 얻게 되는 깨달음이 많을 것이다. 예를 들어 청소하시는 아주머니에게 한 번도 먼저 인사한 적이 없거나, 무시하듯이 직원 간의 인사를 받아 주지 않는 직원은 언젠가 자신에게 불리한 상황이 발생할 때에는 학원을 비방하거나 전체적인 팀워크에 방해가 되는 사람으로 변할 수도 있다. 세상에 공짜가 없다는 말은, 무엇이든 대가가 필요하다는 뜻 혹은 받은 만큼 돌려주어야 한다는 뜻보다 더 큰 의미를 내포하고 있다. 그것은 내가 무엇을 하든지 간에 반드시 언젠가는 다시 내게로 돌아온다는 뜻이며, 그 대가는 반드시 내가 치러야만 한다는 뜻을 지니고 있는 것이다. 내가 던진 부메랑은 반드시 나에게 다시 되돌아오게 되는 법이다.

학원과 함께하는 인재를 양성하기 위해서 아주 큰 일부터 시작할 필요는 없다. 지금 현재 내가 있는 자리에서 내가 가지고 있는 것을 가지고 내가 할 수 있는 작아 보이는 일부터 시작하면 된다. 하지만 그 작은 일을 철저하게 함으로써 성과를 내는 모습을 보인다면 그러한 모습을 보아 가며 양성된 인재는 학원의 성장을 위해 아무도 알아주지 않을 것 같은 일도 최선을 다하며 해내고야 말 것이다. 그리고 당신은 이미 알고 있지 않은가? 학원의 궂은일들을 떠맡고 남들이 하기 싫어하는 일들을 하면서 아무도 알아주지 않을 것 같은 일들을 하는 사람들에 대해서, 사실은 누군가는 그 모든 것을 다 알면서 평가하고 있다는 사실을…. 누가 학원에 기여하고 있는지, 생색만 내고 있는지, 아예 관심조차 없는지에 대해서 말을 하지 않을 뿐이지 사실은 모든 일들에 대해서 모두가 알고 있다는 사실이다. 사람들이 보는 눈은 대개가 비슷하고 사실 사람들은 정말로 보고 있기 때문이다. 그렇기에 자신이 맡은 부서만이 아닌 전사적인 관점으로 접근해, 누구나 할 수 있는 일이지만 아무도 하지 않는 일들을 해 나가는 사람들에 대한 깊은 관심과 배려는 교육이 아닌 교훈이 된다. 그리하여 학원의 성장과 조직원들의 학원을 향한 긍정적인 지지에 선순환을 가져오게 될 것이다.

학원과 함께하는 인재를 양성하기 위한 일들을 해 나가다 보면 때때로 조직원들이 실수를 하는 모습을 목격하게 될 때도 있다. 그런 상황이 발생하게 되었을 때에 실수를 저지른 조직원을 비난하거나 책임을 전가하지 않고 당신이 책임지려는 모습을 보인다면, 조직원은 그 모습을 통해 다시 한번 교훈을 얻게 되는 것뿐만이 아니라 당신에게서 진정한 원장으로서의 리더십의 가치를 보게 될 것이다. 조직원의 업무 능력을 향상시키기 위한 노력을 함으로써 자신의 업무 능력을 향상시킬 수 있는 계기를 만들어 내게 되는 것처럼, 조직원을 리더로 양성하는 리더만이 가장 높은 곳으로 향할 수 있는 자격을 얻을 수 있게 되는 것처럼, 조직원을 보호하기 위한 노력이 결국에는 자신을 보호하게 되는 결과로 돌아오게 된다는 사실을 반드시 기억해야만 한다.

소형 학원으로 시작해서 대형 학원으로의 성장을 이루어 낸 원장들은, 학원업계에 발을 들여놓은 순간부터 학원과 함께하는 인재를 양성하기 위한 노력을 기울이는 동시에, 평생을 함께할 동반자를 눈여겨보고는 다가갔다. 이렇게 얻게 된 동반자는 원장이 학원 경영을 위해 정신없이 외부 활동을 하며 능력 있는 강사를 초빙하고 새로운 아이디어를 적용하며 학원의 성장을 도모하는 동안, 학원의 내실을 단단하게 만들어 놓으며 학원의 질적인 성장을 돕는 역할을 하게 되는 것이다. 필자가 경험했던 학원의 원장들은 그런 동반자 관계의 모범을 보여 준 적이 많다. 원장이 원장 본연의 업무에 충실할 수 있도록 학원의 내실을 단단하게 만들기 위한 동반자들의 노력과 시도들이 가시적인 성과로 드러났었기 때문이다. 물론 그런 모습들은 자세히 보지 않는다면 보이지 않을 수도 있지만 자세히 보면 반드시 드러나게 되어 있다. 거기에서부터 강력한 팀워크를 통한 학원의 전술과 전략이 시작될 수 있는 것이다.

무엇보다 중요한 것은 아무리 강력한 팀워크로 협력한다고 하더라도, 아무리 지혜로운 전술과 전략을 활용해 우위를 점한다고 하더라도, 결국 모든 시작과 끝에는 리더가 사람을 위하는 자세를 보여서, 사람을 위해 존재해야 한다는 학원의 가치를 실현해 낼 수 있어야 한다는 것이다. 그러한 리더는 수험생들을 위한 깊이 있는 마음을 보이고 결국에는 사람을 위한다는 가치를 실현해 내는 모범을 보여 줌으로써, 학원의 가치를 실현해 내는 것을 넘어서는 감동을 선사하며 사람을 변화시키게 된다. 그러한 경영을 통해서 인재를 양성한다면, 그렇게 양성된 인재는 반드시 학원과 함께 성장하며 당신의 학원을 초격차 학원으로 성장시키는 주역이 될 것이다.

사람을 변화시킬 수 있는 것은 말만이 아닌 행동이며, 지시만이 아닌 모범이고, 진실한 사랑은 드러내려 하지 않으려고 해도 드러나기에, 리더의 품격은 감동으로 사람을 변화시켜 조직의 목표를 완수해 내는 것이다. 그리고 학원의 목표는 제자들의 성공이다.

제2장

마케팅으로 시작해서
결과로 입증하라

제2장

마케팅으로 시작해서 결과로 입증하라

★ ★ ★

어느 지역에서 학원을 경영하더라도 마케팅은 필수다. 학원의 첫째 목적은 고객을 통한 이윤 창출이고, 마케팅의 핵심은 고객의 입장에서 바라보며 고객이 그토록 원하던 것을 학원에서 제공하고 있다는 것을 알리는 것이다. 학원은 어떤 위대해 보이는 말을 하며 명분을 제시하더라도 사실 이윤 추구가 되지 않는다면 경영이 불가능하다. 그렇지만 진정성을 가지고 수험생을 진심으로 위하는 경영을 한다면, 고객을 위하는 깊은 관심과 노력은 고객이 먼저 알아보고 인정하게 되어 있다. 고객의 입장이 되어 학원을 바라보다 보면, 고객에게 필요한 것들에 대해 조금이나마 알아차릴 수 있게 된다. 여기서부터 감동과 성장이 시작된다. 고객이 원하는 것을 이루어 주기 위한 기회를 얻기 위해, 마케팅에서 시작해서 결과로 입증하라.

학원을 창업하려는 사람들을 보면 모든 준비를 완벽하게 한 후에 창업하려고 생각하는 사람들을 많이 보게 된다. 확실한 것은, 준비가 완벽하게 되어 있다면 위기 대응 능력도 뛰어날 것이고, 실수도 줄일 수 있을 것이다. 하지만 그렇게 완벽하게 준비하는 기간 동안 경쟁자들은 이미 실무에 투입되어 경력이라는 경험을 얻기 위해 시간을 투자하고 있다는 것을 기억하자. 경력이 쌓이는 동안에 얻게 된 실무 능력은 그 어떤 능력보다도 가치 있는 무기가 된다. 그렇기에 학원 창업에 필요한 기본적인 능력과 자원이 갖춰졌다면 경쟁에 뛰어들 필요성이 있다. 만일 자신의 능력과 자본 등이 경쟁자보다 상대적으로 부족하다고 하더라도 주눅 들지 말고, 경쟁자보다 경쟁력을 갖추기 위해 꾸준히 보강해 나가면 된다. 학원 경영에 뜻을 두었다면 적어도 1년 정도는 실무 경험을 해 보는 것이 좋다. 봄, 여름, 가을, 겨울, 사계절을 지내 봐야 학생들에 대해, 강의력에 대해, 학원 운영에 대해 어느 정도 감을 잡을 수 있을 것이다.

실패에 대한 두려움 때문에 아무것도 결정하지 못한다면, 다른 사람들이 당신의 인생을 결정하게 될 것이다. 잘못된 결정을 수정할 수 있는 기회는 언제든지 찾아올 수 있지만, 아무것도 결정하지 않는다면 지나가 버린 시간을 다시 되돌릴 수는 없다. 고객은 당신이 잘못된 결정을 하더라도 언젠가는 용서하며 새로운 기회를 줄 수도 있을 것이다. 그러나 아무 결정도 내리지 못하는 원장에게는 절대로 용서하거나 기회를 줄 수가 없다. 왜냐하면 고객들은 당신에 대해서 아무것도 듣지 못했을 것이기 때문이며, 당신에 대한 아무런 정보도 없을 것이기 때문이다. 성공적으로 학원을 경영한 원장들은 선택의 기로에 섰을 때, 두려움을 극복하며 앞으로 나아갔다. 그들은 학원에 대해서 많은 것을 알고 있다. 모르는 부분이 있을 때에는 경험과 공부를 통해 배워 나가며 자신이 해야 할 일들을 파악한다. 고객에게 당신과 당신의 학원을 알리기 위해서, 마케팅에서 시작해서 결과로 입증하라.

성장하는 학원들을 살펴보자. 그 학원들은 뭔가가 다르다. 똑같은 방법으로 노력하면서 다른 결과가 나오기를 바란다는 것은, 기적이 일어나기를 바라면서도 기본적인 일에만 충실하다는 것이다. 기본적인 일에만 충실하다면 성과도 기본 이상을 기대할 수 없으며, 그렇기에 기적은 일어나지 않는다. 수많은 기적을 일으키며 초격차 학원을 만들어 낸 원장들은 기존의 질서에 순응하지 않는 다른 노력을 했다. 새로운 아이디어나 경영 방법에 대해 다른 학원에서는 '할 수 없는 수많은 핑계'들을 찾고 있을 때, 성장하는 학원의 원장들은 '해야만 하는 절실한 이유'를 찾아낸다. 그러고는 용기 있게 시도하며 혁신을 이루어 낸다. 보통 학원에서는 한 달 만에 포기할 만한 것들을 1년간 붙잡고 늘어지는 집념으로 이루어 내는 것이다. 그리고 다른 학원에서는 뒤늦게 초격차 학원을 만들어 낸 원장들을 따라 하지만, 이미 격차는 벌어질 대로 벌어져 따라잡을 수 없는 상태가 되어 버리는 것이다. 그러므로 '할 수 없다.'라는 생각을 머릿속에서 지워라. 만일 지금 당신이 학원의 성장을 도울 아이디어에 대한 시도조차 하지 못하고 있다면 그 이유가 무엇인지 생각해 보라. 어떤 결론이 나오더라도 그것은 핑계일 것이다. 핑계는 머릿속에서 지워 버리고 할 수 있다는 자신감으로, 시도해 보겠다는 각오를 새롭게 각인시켜라. 그러면 당신은 언젠가 초격차 학원을 만들어 낸 원장들의 대열에 합류하게 될 것이다.

성공을 기다리기만 한다면 공격적으로 성공하기 위한 새로운 시도를 해 나가는 원장들을 결코 따라잡을 수 없을 것이다. 학원의 성장을 반드시 이루어 내겠다고 결심하라. 그러한 결심이 바로 성공으로 다가가는 첫걸음이다. 그리고 이기적인 나의 욕구가 아닌, 수험생이 원하는 것, 시장의 욕구를 충족시키기 위한 노력을 지속적으로 해 나간다면 결국에는 앞서가는 원장들을 따라잡는 것을 넘어서는 성취를 맛보게 될 것이다. 어떻게 장담하느냐고? 그렇다면 당신은 이제껏 도전해 본 일들에 대해서 모두 확실한 보상을 받았었는가? 도전에 대한 성공률은 얼마나 되는가? 자신의 성장을 위한 무엇인가에 도전해서 반드시 확실한 보상을 받을 수 있다면, 자신이 대가를 치른 만큼 무조건 보상을 받을 수 있는 일이 있다면 그것은 이미 가치가 없는 일일 것이며, 그렇지 않다고, 가치가 있는 일이라고 말한다면, 누구나 반드시 도전해 성공을 이루게 될 것이기에 그것은 이미 성공이 아닐 것이다. 하지만 세상에 그런 일은 없다. 어떤 도전이라도 실패의 위험을 안고 있다. 그렇기에 보상을 받지 못할 수도 있는 상황에서 최선의 노력과 헌신을 해 나가며 끊임없이 도전해 나가는 원장들만이 초격차 학원을 일구어 낼 수 있는 것이다. 그러므로 당신이 있는 자리에서 당신이 할 수 있는 것들을 상황이 되는 대로 하나하나 해 나가는 것만이 성장을 이루어 낼 수 있는 유일한 방법이다.

1. 고객이 무엇을 원하는지 정확하게 파악하라

학원을 존재하게 하는 제 1원인은 고객의 수요다. 고객이 필요성을 느끼지 못한다면 아무리 세계 최고의 교육 서비스를 제공한다고 하더라도, 아무리 진정성을 가지고 수험생을 위해 헌신한다고 하더라도, 설사 시험 출제 방향과 문제를 정확하게 예상해 제공하고 있다고 하더라도, 학원이 존재할 수 있었던 존재의 이유 자체가 없어져 버리기 때문에 사라져 버린다. 그러므로 고객이 무엇을 원하는지를 정확하게 파악하고 적용하는 것이 가장 중요하며, 고객이 무엇을 원하는지를 정확하게 파악하기 위해서는 그 무엇보다도 질문을 통해서 확인해 보는 것이 가장 좋은 방법이다. 학원을 처음 시작해 무엇부터 해야 할지 모르겠다면 질문하라. 자기 자신에게, 지인에게, 고객에게 질문을 통해 해야 할 일들을 결정하면 된다. 그렇게 합리적이고 타당한 최고의 질문들을 엄선해서 고객의 진짜 니즈를 알아보면 된다. 고객의 진짜 니즈를 알아보고 적용하는 학원은 고객이 먼저 알아보고 등록하게 된다. 고객에게 선택받는 학원이 되기 위해, 아래에 예로 들어 놓은 질문들을 참고해 최고의 질문들을 만들어서 질문하라. 그리고 질문에 해당하는 답변을 종합해 고객의 가장 긴급하면서도 중요한 니즈를 충족시켜 줄 수 있는 전략을 만들어 적용시켜 보라. 그 이후로는 고객이 당신을 선택하는 것이 아니라, 넘치는 대기자들로 인해 당신이 고객을 선택해야만 하는 상황이 발생할 수도 있다.

자신에게 할 수 있는 몇 가지 질문들

▶ 고객에게 우리 학원을 알리기 위해서는 어떻게 해야 할까?

▶ 학부모와 학생이 찾아오게 하려면 무엇을 하는 게 좋을까?

▶ 입학 상담을 성사시키기 위해서는 무엇을 준비해야 할까?

▶ 학원을 성장시키기 위해서는 어떻게 하는 게 좋을까?

▶ 학생의 학업 성취도를 올리려면 어떻게 지도해야 할까?

▶ 이것은 투자할 만한 가치가 있는 일일까?

▶ 지금 상황에서 가장 중요한 일은 무엇일까?

지인에게 할 수 있는 몇 가지 질문들

▶ "학원을 홍보할 수 있는 좋은 방법이 있을까요?"

▶ "학원 홍보물로 사용할 만한 게 뭐가 있을까요?"

▶ "지역 맘 카페처럼 홍보할 만한 공간이 또 있을까요?"

▶ "요즘 학생들이 선호하는 학원은 어디일까요?"

▶ "학원을 어느 지역에 창업하는 게 좋을까요?"

고객에게 할 수 있는 몇 가지 질문들

▶ "학원에 가장 바라시는 것은 무엇인가요?"

▶ "자녀에게 어떤 어머니로 기억되고 싶으십니까?"

▶ "앞으로 자녀가 어떻게 성장하길 바라십니까?"

▶ "자녀분의 행복한 미래는 어떤 모습일 것 같습니까?"

▶ "고객님께서 진정으로 원하시는 것은 무엇입니까?"

▶ "자녀를 위한 지금까지의 노력이 얼마나 효과가 있었습니까?"

▶ "졸업 이후에는 어떤 계획이 있으십니까?"

최고의 질문을 통해서도 고객이 진짜로 원하는 게 무엇인지 파악하기가 어렵다면, 당신이 있는 자리에서 당신이 가지고 있는 것을 가지고 지금 당장 할 수 있는 것부터 하나씩 실천해 보자. 할 수 있는 것부터 하나둘 경험하다 보면 진정으로 할 수 있는 효과적인 것들을 찾아낼 수 있을 것이다. 모르는 부분이 있을 수도 있기에 부딪히다 보면 실패할 수도, 상처받을 때도 있겠지만, 분명한 것은 경험을 통해서만 진정한 성장을 이룰 수 있다는 것이다. 똑같은 노력을 두 배나 더 했는데도 결국은 같은 결과가 나온다는 사실을 받아들여야 할 때가 있었을 것이다. 그렇다면 이제부터는 다른 방법으로 노력을 해 보자. 방법을 바꾸기 위해 질문하고, 방법을 바꾸어 다른 노력을 지속하자! 창의성이란 바로 이때 발휘되는 것이다. 질문을 통해 성장하자.

지금까지 학원의 강점에 대한 설명만 했다면, 이제는 설명의 비중을 줄이고 질문을 통해서 학원을 알리자. 학원의 장점과 강사의 강의력과 교재의 특장점에 대한 탁월성을 설명하는 대신에, 고객의 상황을 파악하기 위해 질문하고, 어떤 방식으로 고객을 도울 수 있을지에 대해서 생각해 보자. 고객의 입장에서 생각해 보고, 고객에게 제공할 수 있는 것을 먼저 찾아보자. 고객이 무엇을 원하는지 정확하게 파악하기 위해서 질문함으로써 성장하자.

2. 학원의 홍보 아이디어와 2%의 영감

학원을 홍보하기 위해서는 여러 가지 방법이 있을 수 있다. 하지만 필자의 경험에 의거하면 학원을 홍보하기 위한 기본은 개원하려는 지역 상권에 개원 선물을 돌리면서 학원의 개원을 알리는 것을 시작으로, 포털 사이트(네이버, 구글, 다음 등)에 업체 등록과 함께 홈페이지나 블로그 등을 운영해 학원을 SNS상에 노출시키는 것이다. 업체 등록이나 블로그 만들기 등을 자신이 직접 할 능력이 안 된다고 생각된다고 포기하지 말고, 네이버 '스마트플레이스', 구글 '마이비즈니스', 다음 '검색 등록', '홈페이지형 블로그 만들기', 네이버 '모두 홈페이지 만들기' 정도는 배워서 시작해 보는 것도 좋은 방법이 될 수 있다. 포털 사이트에서 "네이버 스마트 플레이스", "홈페이지형 블로그 만들기", "네이버 모두 홈페이지 만들기"라고 검색하면 관련된 등록 방법에 대한 자세한 포스팅들을 참고할 수 있으며, 관련된 도서나 자료 등을 구입해 참고하는 것도 좋은 방법이다. 처음이 어려운 것이지, 부딪혀 가며 배워서 적용하다 보면 누구든지 모두 해낼 수 있는 것들이니 시작해 보도록 하자.

홍보물과 관련해서 생각해 보아야 하는 문제는, 불특정 다수를 향해 제공되어야 하는 부분이 있기에 투자 대비 효과가 미미할 수도 있다는 사실이다. 또한, 학원에서 사용할 수 있는 자본 및 예상 수익과 비용을 계획함에 있어서 홍보물의 제작과 잠재 고객에게 전달하는 과정에 들어가는 총비용을 계산하는 비용 산출 과정을 거쳐 사용 가능한 예산의 적정 범위를 정해 적용해야 하는 부분이 있다.

2000년 영국 여왕으로부터 '기사 작위' 수여, 2002년 경영 컨설팅 그룹 엔세추어 선정 '세계 50대 경영 구루guru', 2006년 영국 『피메일퍼스트』 선정 '영국 최고 영웅 5위', 2007년 미국 『타임』 선정 '지구를 구할 환경 영웅', 영국인이 가장 좋아하고 존경하는 기업 TOP 3에 랭크, 전 세계 268번째 부자 등, 화려한 수식어가 따라다니는 소년. 그는 학창 시절 선천성 난독증으로 책을 읽거나 글을 쓰기가 어려워 학습 부진아 취급을 받다가 고등학교를 중퇴할 수밖에 없었다. 그리고 15세에 처음으로 사업을 시작했는데, 그의 이름은 『내가 상상하면 현실이 된다』의 저자, 리처드 브랜슨이다. 그는 1967년 17세의 나이에 버진레코드를 시작으로 지금은 전 세계에 약 200개 정도의 사업체를 경영하는 '버진그룹'의 창업자이기도 하다.

2%의 영감과 관련된 그의 일화를 하나 소개하자면, 버진아일랜드에서 휴가를 마친 후, 푸에르토리코에 가기 위해 공항에 도착했는데, 비행기가 취소되어 사람들이 발만 동동 구르고 있었다. 그는 고심했고 마침내 2%의 영감이 떠올랐다. 그는 항공사의 책임자를 만나 여객기를 2,000달러에 전세 내었던 것이다. 그리고 전세 비용을 여객기에 탑승 가능한 인원의 수로 나누니, 한 사람당 39달러를 받으면 충분하다는 계산이 나왔다. 그는 화이트보드를 빌려다가 그 위에 "버진 항공, 푸에르토리코행 편도 39달러"라고 쓰고 사람들 앞에 섰다. 순식간에 표는 다 팔렸고, 휴가 비용까지 벌게 된 그는, 버진 항공사 창업에 대한 아이디어까지 얻을 수 있었다. 그의 좌우명, '용기를 내서 일단 해 보자!'가 탄생한 순간이었다.

그의 마케팅 철학은 "꽃과 새, 딱정벌레도 자신을 뽐낸다. 하물며 경쟁이 치열한 세상에서 무엇인가를 팔아야 한다면 그것이 무엇이든 간에 반드시 사람들의 이목을 끌어야 한다."라는 것이다. 이런 그의 철학대로, 1973년 음반 사업을 시작했다. 요즘은 흔하지만 당시로서는 혁신적이었던 뮤직비디오로 전속 가수를 홍보하기도 했으며, 버진콜라를 미국에 홍보하기 위해 뉴욕 타임스퀘어 한복판에 탱크를 몰고 나타나 콜라를 쏘아 대기도 했고, 버진애틀랜틱항공 홍보를 위해서 직접 다리털을 밀고 속눈썹을 붙이는 등 스튜어디스 복장을 완성하고 서비스를 해 전 세계 미디어에 소개되기도 했다. 이런 그가 뒷주머니에 늘 가지고 다니는 것은 작은 노트다. 그는 이 노트 덕분에 버진그룹을 성장시킬 수 있었다고 한다. 당신도 할 수 있다. 어느 순간 당신의 머릿속을 스치고 지나가는 2%의 영감이 떠오르는 그 순간! 아이디어를 적고 보완해, 리처드 브랜슨의 좌우명과 같이 '용기를 내서 일단 해 보자!' 당신의 상상이 현실이 되기를 기대한다.

학원 홍보물 제작

홍보물을 제작해 홍보할 예정이라면 예산 범위 내에서 적절한 수량을 고려해, 최대한 품질이 좋은 홍보물을 선택하는 것이 중요하다. 홍보물을 전달한다는 생각보다는 고객에게 좋은 선물을 제공한다는 마음으로 제작하는 것이 좋은 자세다. 포털 사이트에 "홍보물 제작"을 검색하면 관련 사이트가 노출된다. 되도록 많은 사이트를 검색해 보고 비교해 적절한 홍보물을 선택하려는 정도의 노력이 필요하며, 홍보물을 선택했다면 학원 로고를 함께 넣어주는 것이 홍보적인 관점에서는 더욱 유리하다. 한 가지 명심할 것은, 학원 홍보물을 나누어 주기로 결심했다면 항상 같은 장소에서, 같은 요일, 같은 시간에 지속적으로 홍보하는 것이 가장 효율적이라는 것이다. 이 정도의 열의와 지속성이 있어야만 고객에게 기억될 수 있으며 신뢰를 얻을 수 있다. 성실함의 힘은 생각보다 아주 강력하다. 고객이 언제 어느 순간 학원을 방문할지도 모르는 일이다. 갑자기 학원을 방문한 고객이 학원의 문을 열었는데 학원에는 아무도 없고 문은 잠겨 있으며 전화번호만 문 앞에 걸려 있다면, 그리고 그러한 일들이 자주 반복된다면, 고객은 쉽게 발길을 돌리며 당신의 학원을 선택 후보에서 제외시킬 것이다. 고객이 필요로 할 때 언제든지 학원을 방문하더라도 당신이 그 자리를 지키고 있다면, 고객은 예기치 못한 순간 갑자기 당신에게 자신의 자녀를 교육할 기회를 제공할 수도 있다. 그만큼 성실한 이미지는 고객에게 가장 강력한 홍보 수단이 되어 줄 수 있으며 같은 장소, 같은 요일, 같은 시간에 지속적으로 예비 고객에게 반복 노출되어 홍보하는 것은 성실함이라는 무기를 가장 강력하게 사용하는 홍보 수단이 될 수 있는 것이다.

아파트 게시판 홍보물 부착

아파트 게시판에 홍보물을 부착할 때는 관리 사무소에 일정 금액을 내고 일정 기간 동안 게시물을 부착할 수 있게 되어 있는데, 한눈에 학원의 특성이 드러나도록 디자인이나 색상 등을 깔끔하게 제작할 필요가 있다. 너무 많은 정보를 한꺼번에 담으려 하다가는 조잡해 보일 수도 있기 때문에, 지나가다가 스치듯이 보더라도 학원의 특성이 한눈에 보일 수 있도록 제작하되, 꼭 필요한 정보인 가르치는 대상과 과목, 학원 연락처와 위치 등은 반드시 넣어 주는 것이 좋다. 더 자세한 설명 등을 넣어 주고 싶다면 큐알코드QR Code를 만들어서 학원에 대해 자세히 설명되어 있는 홈페이지나 블로그에 연동시켜서 넣어 주도록 하자. 큐알코드를 만드는 방법은 포털 사이트에서 '큐알코드 만들기'라고 검색하면 관련 포스팅을 확인할 수 있다.

입시 정보 책자 제공

초·중·고등학교의 학습과 관련된 설문지를 제작해 학생을 만날 수 있는 학교의 등하굣길이나 지역 도서관 또는 학부모들을 만날 수 있는 지역 공원, 대형 마트, 은행, 키즈 카페, 애견 카페 등에서 설문지 작성을 요청한 후, 학생의 학년에 알맞은 입시 정보 책자를 제작해 매월 정해진 날짜에 꾸준하게 제공하는 것도 하나의 마케팅 방법이 될 수 있다. 입시 정보 책자를 제작하기로 마음먹었다면 입시 정보 외에도 학원의 월별 계획과 학원에서 진행한 행사에 대한 소개 등의 내용을 넣어 주고 학원 주위에 있는 학교의 행사 일정에 대해 전화나 홈페이지를 통해 확인해서 넣어 주는 것도 좋은 방법이다.

학원 설명회

학원 설명회를 개최할 때에는, 학원의 입시 실적이나 성적 향상 자료, 학습 방향과 관리 계획 등을 확실하게 보여 줄 수 있어야 한다. 학원은 교재 외에는 실제로 보이는 상품이 없기 때문에 학원의 입시 실적이나 성적 향상 자료 등이 신뢰를 더해 줄 수 있다. 하지만, 처음 개원하는 학원의 경우 이러한 자료를 준비하기가 어려운 점이 있기에, 학원의 운영 원칙이나, 학습 자료와 학습 계획 등을 명확하게 설명할 수 있는 것이 중요하다. 그리고 학생 개개인의 성적에 알맞은 학습 방향을 설정해 줄 수 있다면 학원에 대한 신뢰는 원생의 확보로 이어질 것이다.

무료 시범 강의

무료 시범 강의 교실을 여는 것도 지역 내에 학원을 알릴 수 있는 좋은 기회가 될 수 있다. 시범 강의를 하기 위해서는 그날 진행될 강의에 대해서 질의응답 부분까지 완벽하게 준비하고 시작하는 것이 좋으며, 개개인의 학습 진단까지 해 줄 수 있다면 좋은 결과를 얻을 수 있을 것이다.

입학 상담

여러 가지 홍보 방법을 동원해 고객과의 입학 상담이 이루어질 경우, 상담에 필요한 자료(테스트 자료, 교재, 입학 상담 자료, 입학 원서, 차)를 미리 구비해 놓고 자연스럽고 안정적으로 전문가다운 면모를 보여 줄 수 있어야만 한다. 입학 상담을 하기 위해 방문한 고객들은 실제로 등록해 공부하기 위한 학원을 찾고 있는 중이며 우리 학원에 긍정적인 관심이 있는 분들이기에, 상담을 통해 학원에 대한 신뢰와 확신을 얼마나 긍정적으로 이끌어 내느냐가 학원 등록에 중요한 요소가 된다. 초기에 얼마나 많은 고객을 원생으로 모집하느냐가 학원 운영에 중요한 변수가 될 수 있다는 사실을 명심하자. 학원을 방문한 고객들과 상담할 때에는 될 수 있으면 지킬 수 없는 약속은 하지 않는 것이 좋으며, 상담을 마무리한 후에는 학원과 관련되어 있는 홍보 자료를 학원 봉투에 담아서 전달하는 것이 좋다. 이때, 학습법 등 교육과 관련된 서적이나 공부와 관련되어 있는 자기 계발서 등에 학원 직인을 찍어 준비해 두었다가 상담 직후, 책 표지 다음 장에 간단한 메시지를 적어서 선물한다면 학원의 이미지에 긍정정인 효과를 거둘 수 있을 것이다. 물론, 『교육 한류가 다가온다』를 선물한다면 더욱 좋을 것이다.

2%의 영감

　이렇게 학원을 홍보하고자 하는 궁극적인 목표는 고객에게 교육 서비스를 제공할 수 있는 기회를 얻기 위해서다. 그리고 학생에게 훌륭한 교육을 제공함으로써 얻게 되는 좋은 이미지는 그 어떤 마케팅보다도 강력한 버즈 마케팅과 바이럴 마케팅을 만들어 내는 효과가 있다. 많은 정보를 인터넷을 통해 얻을 수 있겠지만, 실제적으로 이웃이나 지인이 소개하는 학원의 모습보다 더 진정성 있게 다가오지는 못할 것이기 때문이다. 필자도 이번에 근무하면서 작년의 제자들이 소개한 친구들이 생각보다 학원에 너무 많다는 생각에 놀라워하곤 했었다.

　참고로 네이버 지식백과에 수록되어 있는 '두산백과'에 따르면 버즈 마케팅이란, "소비자들이 자발적으로 메시지를 전달하게 해 상품에 대한 긍정적인 입소문을 내게 하는 마케팅 기법"이다. 꿀벌이 윙윙거리는 것buzz처럼 소비자들이 상품에 대해 말하는 것을 마케팅으로 삼는 것으로, 입소문 마케팅 또는 구전 마케팅 word of mouth이라고도 한다. 그리고 '시사경제용어사전'에 의하면 바이럴 마케팅이란, "네티즌들이 이메일이나 다른 전파 가능한 매체를 통해 자발적으로 어떤 기업이나 기업의 제품을 홍보할 수 있도록 제작해 널리 퍼지는 마케팅 기법으로, 컴퓨터 바이러스처럼 확산된다고 해서 이러한 이름이 붙었다."라고 한다.

2%의 영감이란, 실제로 정말 좋은 아이디어를 가지고 있다고 하더라도 학원에 적용해 시도하지 않는다면 소용이 없다는 측면에서부터 시작된다. 다른 학원 원장들이 하지 않거나 생각하지 못한 아이디어를 구상하며 실현시켜 나간다면 학원의 성장에 많은 도움이 될 것이다.

한국의 경제 상황과 교육부 방침과 학령인구와 고객의 요구 등으로 인한 학원의 지형 지도는 지속적으로 변화할 수밖에 없다는 것을 기억해야만 한다. 기존의 익숙했던 방법, 좋은 결과를 만들어 내었던 방법들이 여전히 효과가 있을 것이라는 생각으로 똑같이 따라 하기만 한다면 학원의 발전이 아닌 퇴보를 경험해야 할지도 모른다. 작년에 학원에 성과를 안겨 준 전략들이 올해에는 통하지 않을 수도 있다는 이야기다. 고객의 요구와 학원의 생태계에 맞는 변화를 스스로 추구하지 않는다면 성장이 어려울 수도 있다는 이야기이기도 하다.

필자와 인연이 있는 원장님들 중에 한 분이 그러했다. 그분은 새로운 학원으로 옮긴 후에도 여전히 이전 학원에서 사용하던 여러 가지 프로그램의 적용을 고집하셨다. 이전 학원에서는 성공적인 반응과 호응이 있었기에 접목하셨던 것이지만, 이전과는 학생들, 교직원, 강사들, 학원의 분위기 등 모든 것이 달랐기에 이러한 프로그램은 많은 반발을 일으키게 되었고, 결국에는 학원 이름과 운영진 자체가 바뀌어 버리는 아픔을 겪어야만 했다. 이처럼 이곳에서 잘되었던 것이 저곳에서도 잘될 것이라는 생각은 위험할 수도 있다. 물론 그 원장님은 언제나 열정적으로 최선을 다하는 분이시기에 지금은 또 다른 학원에서 새로운 도전을 이어 가고 있는 중인 것으로 알고 있다.

세상은 변하고 있고, 학생들은 더 빠르게 변하고 있으며, 변화하는 만큼 교육 환경도 발맞추어 변화하고 있다는 것을 기억하자. 좋은 아이디어를 찾았다면, 거기에 자신만의 2%의 영감을 접목해 새로운 아이디어를 실현시켜 나가자. 학원가에서 완벽하게 새로운 아이디어는 없다고 해도 무방하며 내가 생각했던 아이디어는 어딘가에서 이미 실행 중일 확률이 높다는 것도 사실이지만, 그럼에도 불구하고 기존의 아이디어에 나의 생각 2%를 더한다면 고객들에게는 신선하고 새롭게 다가갈 수 있을 것이다.

3. 성적 향상의 결과로 승부하라

학원은 실제로 제공해 줄 수 있는 제품이 교재 외에는 없기 때문에 고객들은 학원에 등록할 경우 성적이 향상될 수 있을 것이라는 기대만을 가지고 학원을 선택한다. 또한 학원은 그러한 고객의 기대를 바탕으로 서비스를 제공할 수 있는 기회를 얻는 것이다. 그러므로 마케팅의 가장 중요한 마지막 단계는 고객의 기대에 부응해 성적을 향상시키는 것이라는 점을 기억하자. 학원의 목표는 오직 하나다. 성적 향상을 실현시켜서 고객이 원하는 목표를 이룰 수 있도록 돕기 위한 서비스를 제공하는 것이다. 대학 입시, 각종 자격증이나 국가고시에서 수험생이 낙방할 경우, 수험생의 실패는 결국 수험생 자신이나 학부모가 감당해 내야만 하는 고통이었지만, 지금부터는 연대책임을 감당해 낼 수 있는 학원만이 성장할 수 있을 것이며, 이미 많은 학원에서 강의 리콜 제도를 이용하거나, 수강료 환급 제도를 활용해 수험생의 도전에 함께 참여하고 있다는 사실을 기억할 필요가 있다. 결국에는 시험 결과에 대한 수험생과 학부모의 부담을 줄여 주기 위한 노력에 동참하는 학원만이 성장할 수 있다는 것이다.

'학생 중심'이라는 마인드로 성장하고 있는 학원이 있다. 학원의 정점에는 '고객'이 있다는 뜻이며, 학원의 의사 결정에 있어서 고객의 의견을 반영하고, 고객이 원하는 시스템을 만들어 내어 서비스하겠다는 각오라고 한다. 이러한 '학생 중심'의 마인드는 좋은 선순환 구조를 가져와 학원의 활성화에 많은 도움이 되었다. 학원은 오직 고객의 목표를 실현시키기 위해 돕는 존재로서만 존재할 수 있다는 존재의 목적을 달성하기 위한 노력을 시작한 것이다. 이렇게 고객이 무엇을 기대하더라도, 그 기대 이상을 제공하겠다는 결심으로 고객 감동을 실현시키기 위해 노력하는 학원만이 학원 성장을 이루어 낼 수 있다는 것을 기억해야만 할 것이다. 그리고 이러한 성장을 이루어 내기 위해서는, 학원이 수험생에게 합격할 수 있는 기회를 제공하는 것이 아니라, 고객이 학원에 수험생을 합격시킬 수 있는 기회를 제공하는 것이라는 사실을 인지할 필요가 있다. 즉, 고객은 학원의 목적이며, 고객의 미래는 곧 학원의 미래라는 것이다.

지금부터 중요한 것은, 사회적인 현상과 교육제도의 변화에 따르는 혼란의 상황 속에서, 어느 학원이 수험생에게 정확한 방향성과 정보를 제공하며, 학생과 학부모가 원하는 것에 대해 정확하게 확인하고 융합해 만들어 낼 수 있느냐인 것이다. 즉, 고객이 원하는 것을 정확하게 만들어 내어 체계적으로 학원 경영에 반영할 수 있어야만 성장이 가능해진다는 것이다. 가장 이상적인 것은, 고객의 필요를 고객보다 먼저 확인하고, 고객이 생각지도 못한 상황에서 펼쳐 낼 수만 있다면 언제나 우위를 점하게 될 것이라는 사실이다. 그러나 그것은 새로운 시도만으로는 부족하다. 새로운 시도를 할 수 있는 용기와 함께, 반드시 고객을 향한 진심과, 헌신적인 노력이 있어야만 그러한 결과를 만들어 내는 학원이 될 수 있을 것이다. 거기에 더해, 성적 향상의 결과로 말할 수만 있다면 어느 순간 자신도 모르는 사이에 초격차 학원을 만들어 낸 원장들의 대열에 합류해 있는 자신의 모습을 발견하게 될 것이다.

성적 향상의 결과로 말하기 위해서는, 학생의 학업 성취도에 대한 결과를 성적의 등급대로, 처음 학원에 등록한 시점부터 향상된 결과를 내기까지의 과정을 모두 모아서 전체적으로 보여 주는 것이 좋다. 학생의 성적을 높여 주기 위해서 이미 많은 학원들이 수준별 학습이라든가, 질문 담당 선생님을 배치하고 있으며, 이해하지 못하거나 모르는 부분에 대해서는 알게 될 때까지 무한 반복을 시키며 무한 책임을 지겠다는 자세로 다가가고 있다는 점을 기억하자.

학원은 오직 성적 향상의 결과와 그에 따른 수험생의 목표를 실현시킴으로서 평가받는다는 것을 기억하며, 다음 장 「절대학습량,

절대학습법」을 참고해 실제로 수험생의 성적을 향상시킬 수 있는
교육을 제공함으로써, 오직 성적 향상의 결과로 승부하자.

제3장

절대학습량, 절대학습법

제3장

절대학습량, 절대학습법

★ ★ ★

'절대학습량', '절대학습법'을 참고해 학생들을 지도한다면 학생들의 학업 성취도 향상에 도움이 될 만한 힌트를 얻을 수 있을 것이다. 그리고 그러한 힌트들로 새롭게 적용할 수 있는 교육 기법을 개발해 학원에 적용한다면, 실제적으로 성적을 향상시키는 결과를 가져옴으로써 수험생들의 목표를 실현시키는 학원이 될 수 있을 것이다. 그 지점에서부터 초격차 학원으로의 한 걸음이 시작된다. 당신의 성장과 성공을 위한 발걸음에 건투를 빌며, 초격차 학원을 만들어 낸 원장들의 세계에 들어온 것을 환영한다.

'감동 공부법'이라는 것이 있다. 엉덩이, 손, 머리, 가슴의 4단계의 과정을 통해 공부하라는 것이다. '감동 공부법'의 의미는 공부를 잘하는 비결에는 꾸준한 노력 외엔 없지만 자기 자신의 노력에 감동할 수 있어야 한다는 것이다. 공부는 엉덩이로 시작해서 손과 머리를 거쳐 최종적으로 가슴으로 전해져야 한다. 그리고 이것을 습관으로 만들어 내야만 한다.

공부는 흔히들 "엉덩이로 하는 것"이라고 말한다. 그만큼 엉덩이를 붙이고 얼마나 책상에서 공부할 수 있느냐가 집중력을 확인할 수 있는 척도가 되는 것이다. 필자의 제자들도 학업 성취도가 뛰어나게 좋았던 학생들은 공부를 집중적으로 할 때에 엉덩이가 따뜻해지는 느낌을 받는다고 하곤 했었다. 엉덩이를 붙이고 집중해서 공부한다는 말은, 한자리에 앉으면 최소한 두 시간 이상은 꼼짝없이 앉아서 공부할 수 있는 능력이 있다는 것이다.

습관을 형성하는 데는 대략 3주 정도가 걸리며, 습관을 완전하게 익혀 낸 것으로 만드는 데는 평균적으로 66일 정도가 걸린다. 오늘 이 책을 읽은 지금 이 순간부터 약 3주 안에는 반드시 엉덩이를 붙이고 두 시간 이상 앉아 있을 수 있는 공부의 첫 번째 단계에 도달해야만 한다. 아무리 좀이 쑤시고 적응이 되지 않더라도 절대로 일어나선 안 된다. 이 과정을 제대로만 익힐 수만 있다면 화장실 가는 시간을 제외하고 평균 다섯 시간까지도 앉아 있을 수 있는 능력이 배양된다. 엉덩이를 의자에 붙이고 앉아 두 시간 이상을 공부할 수 있는 능력, 이것조차 이루어 낼 수 없다면 공부를 통해서 승부를 보겠다는 것은 상상조차 할 수 없게 될 것이다. 공부의 1단계인, 엉덩이를 붙이고 두 시간 이상 앉아 있기조차 안된다면 공부로 승부하는 사람들이 경쟁하는 진검 승부의 장에 진입조차 할 수 없을 것이기 때문이다.

최상위권의 학생들이 공부하고 있는 교실에 들어가면 바른 자세로 꼿꼿이 앉아서 전투적으로 공부에만 집중하고 있는 분위기로 인한 중압감 때문에 숨이 막힐 것 같은 답답함이 느껴질 때도 있다. 공부하자는 말과 함께 1분도 채 되기 전에 그러한 집중도를 발휘하기에, 실제로 숨이 막히고 답답함을 느끼는 학생들이 분위기에 눌려 뛰쳐나오는 경우도 있었다. 머리 근처에 파리가 날아다녀도 파리가 날아다니는지도 모르는 긴장감과 거의 아무 소리도 들리지 않는 고요함에, 마치 중력이 심하게 작용하는 것 같아 지켜보는 필자가 답답함을 느낄 정도로 집중력이 강했다. 필자가 학생을 지도하기 위해 교실에 들어가려고 문을 열거나, 혹여 학생 중에 누군가 실수로 볼펜을 떨어뜨릴 경우, 순식간에 정적이 깨짐과 동시에 모든 학생들이 소리가 나는 방향으로 고개를 돌리기에 미안함마저 느껴질 정도다.

이러한 집중력으로 공부하기 위한 첫 단계인, 엉덩이를 의자에 붙이고 두 시간 이상 앉아 있는 습관을 만들 때에는 절대로 엉거주춤하게 앉거나 의자에 기대거나 눕듯이 앉아서는 안 된다. 꼿꼿하게 완전히 수직으로 앉아서 공부하는 연습을 해야만 한다. 물론 졸음이 쏟아질 때는 의자에 무릎을 꿇고 앉거나 서서 공부해야 할 필요성도 있지만, 기본은 절대적으로 수직으로 꼿꼿이 앉아야 한다는 것을 잊지 말자. 엉덩이 단계를 연습하기 시작한 지 대략 1주일 정도가 지나면 의지가 약해져서 자세가 풀리기 시작할 수도 있다. 만약 의자에 앉은 자세가 올바르지 못하다면, 딱 3주간만 공부하는 시간만큼은 밧줄이나 대형 밴드로 허리, 허벅지, 종아리를 의자에 묶어 버려서 올바른 공부 자세를 억지로라도 익히도록 하자. 그래야만 승부를 볼 수 있는 자세를 익힐 수 있다.

평범한 사람은 절대로 공부를 잘 해낼 수 없다. 자기 주도 학습이라는 게 말은 쉬워 보이지만 생각보다 스스로 공부한다는 것은 정말로 어려운 일이다. 공부에서 승부를 보기 위한 기본자세의 첫 단계는 태도에서부터 시작된다. 동기부여를 통한 의욕이나 의지는 믿을 수 없다. 사람의 의지는 생각보다 약하다. 태도에서부터 승부를 봐야 한다. 반드시 공부의 첫 번째 단계인 엉덩이로 앉아 있는 자세 익히기를 3주 안에 승부해 내길 바란다. 한자리에 앉아서 최소한 두 시간 이상 앉아 있을 수 있는 능력을 배양하는 일은 누구나 성공할 수 있는 일이다.

엉덩이 단계를 지나면 스스로 정리하며 쓰고 푸는 과정을 거치게 되어 있다. 공부의 두 번째 단계는 공부를 손으로 한다는 것이다. 중요한 것은 자기 스스로 학습 내용을 정리해 보고, 수학 문제를 스스로 풀어 보면서 틀린 문제는 스스로 오려서 오답 노트를 만드는 등, 스스로 공부하는 과정이 수반되어야 성과를 낼 수 있다는 것이다. 학원만 다니거나 인강만 듣는다면 성적 향상률은 당신의 가능성의 30%에도 미치지 못할 것이다. 당신의 공부 잠재력을 충분히 활용하고 싶다면 반드시 손을 사용해 스스로 학습하는 과정을 충분히 익혀라. 이 단계만 거친다면 상위 10% 안에 들어가는 것은 시간문제다.

엉덩이와 손으로 공부하는 단계를 성공적으로 마쳤다면 머리가 이전과는 다르게 제대로 돌아간다는 것을 느끼게 될 것이다. 이때부터가 머리를 사용해 공부를 해낼 차례다. 이때부터는 학습 내용을 좀 더 깊이 있게 이해할 수 있는 단계까지 나아갈 수 있다. 머리로 개념과 적용 및 응용되는 부분을 생각하면서 공부에 완전하게 빠져들게 되는 것이다. 학원에서 배우는 지식, 인강을 통해서 전달되는 지식이 중요한 것이 아니라 그것을 내 것으로 만들어 내는 것이 중요하기에 공부에서 승부를 보기 위해서는 자신이 공부를 대하는 자세와 습관을 완벽하게 발전시켜야만 한다.

머리의 단계를 지나고 나면 진짜로 공부하는 진검 승부의 장인 가슴의 단계로 들어갈 수 있다. 공부는 최종적으로 가슴으로 하는 것이다. 머리만을 가지고 공부한다면 3시간 이상 공부할 경우에는 머리가 포화 상태가 되어 버려 멍해지고, "토 나온다."라는 표현이 저절로 입에서 나올 것이다. 하지만 공부를 정말로 잘하는 사람들은 열여덟 시간도 몰입할 수 있다. 공부는 엉덩이를 붙이고 집중해서 공부하는 과정을 거쳐, 손으로 공부한 내용을 머리에 넣는 단계를 지나, 결국에는 가슴에 열이 나도록 열심히 공부해야 하는 것이다. 공부는 엉덩이에서 손으로, 손에서 머리로, 머리에서 가슴으로 해야 한다.

　보통 공부를 할 때 열심히 공부한다는 말을 많이 한다. 어떤 일에 정신을 집중한다는 뜻의 '열심'은 '뜨거울 열熱' 자에 '마음 심心' 자로 되어 있다. 결국 공부란 뜨거운 가슴으로 해야 한다는 것이다. 공부할 때의 자세는 결국 가슴에 환희를 느껴야 하며, 진심으로 학습하고 있다는 것에 대한 샘솟는 기쁨이 느껴져야 한다는 것이다. 그것이 열심히 하는 것이다. 누구나 무언가에 빠져들어 열심히 해 본 경험이 있을 것이다. 자신이 좋아하는 일은 힘들지 않다. 설사 고되더라도 성취감과 뿌듯함이 느껴지며 마음이 풍성해진다. 그것이 열정을 가지고 하는 것이며, 자신이 하는 일에 열정이 느껴질 때, 그것이 열심히 하는 것이다. 자기가 하는 일에 열정이 느껴지지 않는다면 그것은 열심히 하는 것이 아니다.

　자기가 하는 일에 대한 열정을 느낄 수 있는 사람만이 그것을 잘 해낼 수 있으며 성공할 수 있다. 이 시대의 성공한 사람이라 불리는 많은 사람들은 자신의 일에 열정을 가지고 임할 때, 평균 하루에 열네 시간 정도를 일했다. 하루 열네 시간이면 1주일에 대략 100시간 정도의 일을 해낸 것이다. 주당 평균 40시간 정도를 일하는 보통 사람들의 두 배가 넘는 시간이라는 것을 알 수 있다. 공부를 통해 인생의 승부를 보기로 결정했다면, 그리고 시간과 여건이 된다면, 지금부터 시간과 공간의 방에 들어가 하루에 열네 시간 이상의 공부를 해내어 보자. 반드시 될 수 있다는 확신으로 가득 찰 것이며, 더 효율적으로 시간을 내기 위해 노력하는 자신의 모습을 발견하게 될 것이다. 가슴으로 공부한다는 것은 자신의 목표를 이루기 위해서 공부한다는 것 이상의 의미가 있다. 자신이 살아오면서 알게 모르게 세상으로부터 받은 혜택을 반드시 세상에 다시 환원하겠다는 의지의 마음 깊은 공부인 것이다.

배워서 익힌다는 뜻의 학습은 '배울 학學' 자에 '익힐 습習' 자로 되어 있다. 이는 배운 과목은 반드시 내 것으로 익히는 시간이 필요하다는 뜻이다. 학원만 많이 다닌다거나 인강만 많이 듣는다면, 배우긴 하지만 익히는 시간이 부족하기에 공부에서 승부를 낼 수가 없게 된다. 내가 스스로 공부할 수 있는 시간이 없는데 어떻게 승부를 낼 수 있겠는가? 공부에서 제일 중요한 것은 내가 배운 것을 내 것으로 만들기 위해 나를 이해시키는 작업이다. 하루에 순수하게 학습하는 시간을 다섯 시간 이상 확보하도록 하자. 다섯 시간 이상의 자습 시간이 확보되지 않는다면, 학원을 아무리 많이 다녀도, 전 과목을 다 수강하고 있어도, 인강을 아무리 많이 들어도 노력은 빛을 발하지 못할 것이다.

지금부터 모나미 볼펜 한 자루를 하루에 하나씩 쓰겠다고 다짐하라. 볼펜 한 자루를 쓰는 데 걸리는 시간은, 손으로 움직여서 썼을 때 여덟 시간 정도다. 경쟁자가 당신의 노력하는 모습을 보고 두려워해야 승부를 낼 수 있는 것이다. 지금부터는 당신의 경쟁자가 두려워할 정도로 노력하자. 당신의 경쟁자가 '설마 이렇게

까지 할까?'라고 생각할 정도의 학습량을 채워라. 그것이 '절대학습량'이며, 그래야만 공부에서 승부를 내어 결과로 말할 수 있을 것이다. 당신의 승부를 응원하며 건투를 빈다.

이제부터 절대학습량, 절대학습법에 대해 살펴보도록 하자.

1. 최대의 성과를 발휘하기 위해

최대의 성과를 발휘하기 위해서는 자신의 인생을 통해 달성하고자 하는 목표가 무엇인지 제대로 파악하는 것이 중요하다. 만일 당신이 당신의 인생을 주도적으로 선택하고 결정하지 않는다면, 다른 사람들이 당신의 인생에 대한 중요한 결정을 하도록 내버려두는 것과 같은 것이다. 인생의 시간은 한정되어 있기에 타인이 내 삶을 결정하며 낭비하도록 내버려 둘 여유가 없다는 사실을 기억해야만 한다. 인간의 능력은 한정되어 있기에 우선순위를 정해, 한 번에 한 가지씩 중요한 일들을 이루어 나가다 보면 예상하지 못했던 어느 순간, 이미 원하던 목표를 이루어 낸 자신을 발견하게 될 것이다.

태어날 때는 자신이 원하는 가정을 선택해서 태어날 수 없었지만, 태어난 후에는 자신이 원하는 가정을 만들어 갈 수 있다는 희망이 있다. 하지만 그 과정에는 엘리베이터가 존재하지 않으며, 뜻하지 않은 고난과 시련이 있을 수 있기에 절망할 수도 있다. 하지만 포기하지 않고 집념과 투혼을 발휘한다면 인생의 운명을 극복하며 결국은 이루어 낼 수 있을 것이다. 인생이 불공평하다는 불평 대신, 한 번에 성취하려는 욕심 대신, 인생의 목적과 목표를 정하고, 성장의 계단을 한 걸음씩 올라간다면, 비록 힘겨운 노력이 필요할지라도 성취해 낼 수 있을 것이다.

이제부터는 할 수 없다는 변명을 찾으려 하지 말고, 어떻게 하면 해낼 수 있을지에 대해서 방법을 찾아보기로 하자. 최대의 성과를 발휘하기 위해서 가장 중요한 것은, 자기 자신이 하지 말아야 할 일들을 확실하게 정해 인생의 시간표에서 낭비되는 시간을 없애고, 우선순위를 정해 해야 할 일들에 시간을 100퍼센트 집중하는 것이다. 돋보기로 태양의 빛을 한 점에 집중했을 때 종이를 불태울 수 있는 것처럼, 당신의 시간과 에너지를 단 하나의 목표에 집중했을 때, 열정을 불태우는 당신을 보며 당신은 느끼게 될 것이다. 이번엔 반드시 된다! 이번에는 반드시 합격한다는 사실을!

세상의 모든 승패는 수영장에서 누가 더 오랫동안 숨을 참으며 잠수할 수 있는가를 내기하는 것과 같다. 여기에 중요한 지혜가 있다. 바로 당신이 힘겹다면 다른 사람도 힘겹게 버티고 있다는 사실이다. 더 이상 버틸 수 없을 것 같을 때, 조금이라도 더 버티는 사람만이 성취를 이루어 낼 수 있는 것이다. 당신의 각오나 의지와는 상관없이, 공부를 하다 보면 분명히 슬럼프의 시간이 찾아올 것이다. 하지만, 그럴 때에도 책상에 우직하게 앉아서 공부하겠다는 각오로 버텨 내다 보면 자기 자신에 대한 믿음이 더욱 강해질 것이다. 그리고 자기 자신에 대한 믿음은 슬럼프를 더욱 빨리 벗어나게 해 주는 힘이 될 것이다. 지금 현재 공부하고 있는 그 장소를 벗어나지 말고 자기 자신의 슬럼프와 전투를 벌여라. 공부하기가 싫은데도 불구하고 자신의 본능을 극복해 내며 공부를 해내는 사람, 경쟁률이 치열한 시험일수록 합격하기 위해서는 이런 독보적인 길을 걸어가야만 한다. 엉덩이에 땀이 차고, 허리에 통증이 심해지고, 머리에 불이 타오르는 것처럼 뜨거워지는 것 같더라도 공부를 중단하지 마라! 그럴 때마다 이렇게 외쳐라, "시험 결과로 나의 노력을 증명하겠다!"라고. 조금이라도 더 앉아 있으면 그만큼 조금 더 앞서갈 수 있다는 사실을 잊지 마라. 그렇게 노력하다 보면 싫어하던 과목도 좋아지게 되는 매직을 경험하게 될 것이다. 가장 효과적인 방법은 다른 수험생들이 무서워할 만큼 열심히 하는 것이다. 한 분야에서 성과를 이루어 낸 사람들의 공통점은 목숨을 걸었다는 것이다. 죽을 것처럼 고통스러운 순간에도 미친 듯이 노력을 계속한다면 당신은 곧 당신의 능력의 정점을 넘어 포텐을 터트리게 될 것이다.

참고로, '포텐'의 정의는 '잠재력'을 의미하는 '포텐셜'과 동일한 의미를 가지며, 관용적으로는 '터지다, 폭발하다'란 술어와 함께 쓰인다. 결국, '포텐 터지다'의 의미는 숨겨져 있던 잠재력이 폭탄같이 터진다는 의미다.

절대학습량의 정의

절대학습량이라는 것은 무엇일까? 그것은 자신의 목표에 해당하는 임계점을 넘을 때까지 지속적으로 도전하는 것이다. 처음에는 밑 빠진 독에 물을 붓듯이 아무런 진도가 보이지 않을 수도 있다. 액체인 물이 섭씨 100도가 되지 않으면 아무런 변화가 일어나지 않지만 그 이후에는 펄펄 끓어오르는 것과 같은 이치인 것이다. 수험생들은 공부를 지속적으로 하면 성적이 조금이라도 오를 것이라고 기대하다가 아무런 변화도 없는 성적을 확인하고는 실망하곤 한다. 그러나 반드시 기억해야만 하는 것은, 해당 성적대의 학생들이 공부해 온 절대학습량을 충족시키지 못한다면 그때까지는 아무런 성적의 변화도 일어나지 않는다는 것이다. 그래서 성적은 계단식으로 오르는 것이며, 그것이 바로 임계점의 구간으로, 아무것도 아닌 것이 되거나 모든 발전의 시작이 되는 구간인 것이다. 절대학습량의 구간에 이를 때까지 지속적인 학습을 이루어 내야만 진검 승부를 펼칠 수 있는 자격이 주어진다. 많은 학생들이 학습법에 대해서 많은 고민과 상담을 요청하지만, 자기 스스로 최선을 다해서 공부한 경험이 없다면, 그 어떤 공부 방법도 아무런 소용이 없다. 최선을 다해 노력해 본 사람만이, 자신에게 맞는 학습법을 찾을 수 있다. 자신의 가슴에 손을 얹고, 양심에 부끄럽지 않게 공부했다고 자부할 수 있다면 성장과 성과는 자연스럽게 따라온다는 것을 발견하게 될 것이다.

공부를 해야만 하는 이유

지도하는 학생 중에 멘사 회원이 있었다. 정말 머리가 좋았지만, 깊이 있는 공부로 들어가는 것을 힘들어했다. 자신도 머리가 좋다는 것을 알고 있었기에 투자 대비 최대의 성과를 노렸던 것이다. 하지만 공부는 언제나 너무 과하다 싶을 정도로 해내는 사람이 승리하는 게임이다. 공부는 머리가 좋다거나 오래 앉아 있는 것만으로 해낼 수 있는 것이 아니다. 머리는 좋은데 공부로 성공하지 못한 사람, 하루 종일 책상에 앉아 있어도 성적 향상률이 너무 미미한 수험생들을 너무나도 많이 보아 왔다.

어떤 학생은 학습 태도와 관련해서, 한번 앉으면 다섯 시간 이상 공부하며 집중할 수 있는 학생이 있는가 하면, 어떤 학생은 한 번에 50분 이상 앉아서 집중하는 것조차 힘겨워하는 학생이 있다. 이럴 때는 자신에게 맞는 최적의 시간을 찾아서 공부하면서, 앉아 있는 시간을 늘리는 연습을 하는 것이 효율을 극대화할 수 있는 방법이다. 결론적으로 공부는 '나는 왜 공부를 해야 하는가?'에 대한 이유가 있는 사람이 더 완벽하게 해낼 수 있다는 것이다. 공부를 해야만 하는 이유가 절실할수록 공부를 해낼 수 있는 능력은 증가한다. 자신을 무시하는 사람에게, '이번 시험으로 반드시 나의 능력을 증명해 말이 아닌 결과로 너에게 보여 주겠다.'라며 이를 악물고 공부하는 학생은 '이번 시험만 무사히 넘기면 방학이다.'라고 생각하며 안일하게 공부하는 학생과 비교해서 학습량이나 효율성과 결과에 있어서 결코 뒤처질 리가 없다는 것이다.

지도하는 학생이 공대에 입학한 후, 멋진 대학 생활을 즐기면서 평생의 추억을 만들고 싶다며, 공부를 멀리한 적이 있었다. 대학교 4학년 졸업을 얼마 남겨두지 않은 어느 날, 학생의 부모님의 사업이 부도가 나고 말았고 학생은 부모님과 함께 힘을 합쳐 빚을 갚아야만 하는 사정이 되었다. 학생은 졸업을 하면 아버지 사업체에서 근무하며 사업을 이어 갈 생각만 하며 대학 시절 내내 잊지 못할 추억 만들기에 빠져 있었는데, 이제는 갈 곳도 부르는 곳도 없는 진퇴양난의 어려움을 당하게 된 것이었다. 졸업 후에는 바로 군대를 가야 하기 때문에 학생은 진로와 집안 사정에 대한 깊은 고민을 하다가, 병역 특례(산업 기능 요원) 제도를 통해, 군 기간 동안 부모님을 돕기로 결정했다. 하지만 현역 자원으로 병역 특례를 받기 위해서는 '전공 관련 기사 자격증'이 필요했다. 공부를 한참이나 놓았던 상황이기에 학생은 또다시 고민하며 공부 계획을 세우고 삭발을 했다. 매일 밤을 기숙사에서 울면서 기도하는 마음으로 공부에 매진했다고 한다. 집중을 위해 식사는 최소량으로 하고, 하루에 네 시간 이상을 자지 않으며, 피곤할 때는 커피를 마시고, 양치를 하고, 세수를 하며 밤을 지새워 가며 공부를 했다고 한다. 자격증을 취득하지 못하면 현역으로 군대를 가야 하고, 그렇게 되면 부도로 인해 힘겨워하시는 부모님을 도울 수 있는 방법이 없었기 때문이었다. 약 6개월간 절실한 마음으로 공부에 매진한 그 학생은 결국 전자 기사와 메카트로닉스 기사 두 개의 자격증을 한 번에 취득하고, 병역 특례 업체에 취업해 재정적으로 부모님을 도울 수가 있었다.

공부를 한참이나 놓았던 학생도 다시 일어나게 하는 힘은 바로 '절실함'이었던 것이다. 당신도 '공부를 해야만 하는 이유'를 만들거나 찾을 수만 있다면, 그 절실함이 반드시 당신에게 당신의 목표를 선물할 것이다. 지금 당장 성공해야만 하는 이유를 찾아라!

목표를 정하자

기준이 되는 대학이나 점수를 정하자. '내가 이 대학까지만 합격하면 아쉬워도 재도전 없이 진학한다. 하지만 결코 이 대학 밑으로는 진학하지 않겠다.' 혹은 '5년 내에 합격하지 못한다면 깨끗하게 포기하겠다.' 등의 기준이 되는 대학이나 기간을 정하자. 누구에게나 공부는 아쉬움과 미련의 대상일 것이다. 조금만 더 열심히 했더라면, 조금만 더 효율적으로 했더라면, 조금만 더 시간이 있었더라면, 한 번만 더 기회가 있다면…, 등으로 공부에 대한 미련은 그 어떤 중독보다도 심한 것 같다. 그렇기에 자신의 인생을 위해서, 자기 자신이 스스로 최소한의 타협이 가능한 기준을 정하는 것이 정말로 중요하다. 포기하지 않는 것은 능력이지만, 포기하는 것은 지혜이기 때문이다.

토끼와 거북이의 우화를 알고 있을 것이다. 토끼와 거북이가 경주를 했다. 결과는 모두가 알다시피 거북이의 승리로 끝났다. 그런데, 어떻게 거북이가 토끼를 이길 수 있었을까? 자신에 대한 믿음과 능력이 있었던 토끼가 당연히 이겼어야 하는 것 아닌가? 변수가 있었다면 그것은 '목표'에 대한 집념이었다. 토끼는 여유로운 마음으로 거북이를 보면서 즐기며 경주했지만, 거북이는 그 어떤 여유도 없이 '목표'만을 바라보며 경주했던 것이다. '목표'에 대한 집념이 아주 중요한 변수였음을 기억하자.

물론 학업 성취도가 낮은 학생이 처음부터 수능 만점이라든가 전교 1등을 목표로 한다면, 그 뜻은 가상하지만 동기부여적인 면이 충족되지 않아 금세 지치고 말 것이다. 이런 경우에는 자신보다 두세 단계 위의 학생을 목표로 삼아 도전하는 것이 더욱 훌륭한 방법이다. 선택하는 교재 또한 한 번에 너무 어려운 것을 선택하지 말고 자신의 지식 수준에서 두세 단계 높은 교재를 선택하는 것이 공부의 효율성 면에서는 더욱 좋다. 하지만 노력에 대비해서 성취해 내는 학업 성취도는 제각각 다를 수밖에 없다. 그렇기에 결과적으로는 최종 시험을 목표로 해서 다른 수험생과 자신의 성적을 비교하며 실망하지 말고 우직하게 자신만의 속도로 걸어가는 것이 중요하다. 공부는 자기 자신과의 싸움이다. 등수에 신경 쓰지 않고 자기 자신과 싸우며 열심히 공부하다 보면 어느새 성과를 내고 있는 자신과 만나게 될 것이다. 하늘은 스스로 돕는 자를 돕는다고 하지 않던가! 다른 이들의 성공을 부러워하지 말고 자신이 투자한 시간을 믿어라! 나는 이러한 결심으로 목표를 이루어 내며 역전하는 수험생들의 사례를 많이 보았다.

2. 절대학습법

I. There is no royal road to learning.

(I. 학문에는 왕도가 없다.)

but

II. Patience conquers the world.

(II. 인내가 세상을 정복한다.)

so

III. In doing we learn.

(III. 우리는 행하면서 배운다.)

모든 학습에서 가장 중요한 것은 충분히 이해하는 과정을 거치면서 암기를 통해 나의 지식으로 만드는 것이다. 이해와 암기는 상호 보완적인 관계가 있다. 이해는 보다 쉽게 암기가 가능할 수 있도록 해 주고, 암기는 이해를 완성시키며 장기 기억 속에서 지식으로 자리 잡는다. 본격적인 학습에 들어가기 전에 목차부터 확인한 후에 머릿속에서 목차의 전체적인 내용을 떠올리면서 읽는 과정을 통해 학습한다면 전체와 부분을 확인하면서 충분한 내용의 이해에 이를 수 있을 것이다. 이렇게 충분하게 이해하면서 학습하는 과정을 반복하다 보면 저절로 암기되는 부분도 많을 뿐만 아니라, 효과적으로 암기해 나의 지식으로 만들 수 있는 환경이 만들어지기에 단기기억에서 장기 기억으로의 전환이 쉬워진다.

앞서 말했듯, 학습은 '배울 학' 자에 '익힐 습' 자로 되어 있다. 배우고 난 다음이 자신의 것으로 만들기 위해 익혀야 하는 진짜 공부의 시간이라는 것이다. 보통 한 시간 동안 배운 내용을 자기 자신의 지식으로 만들기 위해서는 적어도 세 시간 이상 스스로 공부하는 시간을 가져야만 한다. 간혹 수험생들 중에는 중독된 것처럼 인강에 의지하는 학생들이 보이기도 한다. 강사들의 강의 실력이 워낙에 뛰어나기에 학생들이 강의를 듣는 동안에는 마치 자신이 모든 것을 이해하고 알고 있는 것 같은 착각을 하게 되기도 하기 때문이다. 하지만 배우는 것은 공부의 시작일 뿐, 사실은 자기 자신의 것으로 만들어야만 하는 다음 단계의 진짜 공부가 기다리고 있다는 것을 반드시 기억해야 한다.

모든 것은 양에서 질이 나오기 마련이다. 그렇기에 반복하는 과정은 학습에 있어서 대단히 중요한 전략이다. 그리고 테스트를 하며 복습하는 것은 학습의 효율성을 극대화시켜 주는 전략이다. 학습의 난이도는 60~70% 정도가 아는 내용으로 구성되어 있는 교재를 선택하는 것이 몰입할 수 있는 환경을 만들어 주기에, 학습 효율성을 극대화시키기에 효과적인 전략이다. 영어로 치자면 한 문단에서 모르는 단어가 열 개 이하인 교재를 선택하는 것이 좋은 전략이라고 할 수 있다.

에빙하우스의 망각곡선

기억력에 대해 연구한 독일의 실험심리학자 에빙하우스가 19세기 후반에 기억과 망각에 대한 연구를 해서 시간 경과에 따라 나타나는 일반적인 망각 현상을 그래프로 구체화시킨 이론을 살펴보자. 학습을 한 지 10분이 경과된 후부터 망각이 시작되며, 20분 후에 약 42%, 한 시간 후에 약 56%, 아홉 시간 후에 약 64%, 1일

후에는 약 66%, 2일 후에는 약 72%, 6일 후에는 약 75%, 한 달 후에는 약 80%를 잊어버린다는 것을 증명했다. 그래프 등의 더 자세한 내용을 알고 싶으신 독자분들은 포털 사이트에서 '에빙하우스 망각곡선'을 검색하시면 많은 정보를 확인하실 수 있을 것이다.

다시 요약하자면, 1주일 이후에는 학습 내용의 대략 70%를, 한 달 후에는 전체 학습량의 80% 정도를 잊어버리게 된다고 하는 것이다. 지금 무언가를 공부했다고 하더라도 한 시간이 지나면 거의 반 이상을 잊어버리기에, 반복적으로 학습하며 두뇌에 자극을 주는 학습 방법이 중요하다는 것이다. 인간의 두뇌는 적어도 네 번 이상 반복 학습을 한 것에 대해서는 장기적으로 기억해야 할 것으로 인식하기 때문에, 여러 번 반복하면 반복할수록 오래 기억할 수 있다는 것이다. 그래서 에빙하우스의 이론에 따르자면, '10분, 1일, 1주, 한 달'등 총 네 번의 복습이 효과적이라는 설명을 하고 있는 것이다. 학습 후 쉬는 시간에 바로 대략적인 복습을 하고, 그날 배운 것은 그날 복습하며, 1주일에 한 번 그 주의 학습 내용을 다시 복습하고, 한 달에 한 번 한 달 동안 배운 전체 내용을 복습을 하는 것이 효과적이라는 것이다.

그렇다면 과연 수험생에게 복습 횟수보다 더욱 중요하게 생각해야 하는 것이 있을까? 그것이 있다면 바로 학습할 수 있는 시간을 확보하는 부분일 것이다. 공부할 수 있는 시간이 확보되지 않으면 아무리 훌륭한 전략이라도 무용지물이 되어 버리며 양에서 질이

나오기 때문에 절대학습량만큼의 학습량을 채워 줄 수 있는 시간을 확보할 수 있는 전략이 그 무엇보다도 가장 중요하다는 것이다. 하루의 계획표를 만들다 보면 자신이 헛되게 보내는 시간에 대해서 어느 정도 확인이 가능할 것이다. 자신의 일상생활 중에서 필수적으로 묶여야만 하는 시간들, 예를 들어 학교, 학원, 학생부를 위한 각종 활동 등에 대해 투자해야만 하는 시간을 조사해서 공부에 투자할 수 있는 시간을 확인한 후에 자신만의 학습 계획표를 만들다 보면 효과적으로 자투리 시간에 대한 대응이 가능하기에 훌륭한 전략을 세울 수 있을 것이다. 에빙하우스의 제안대로 학습한 내용을 반복 학습을 통해 장기 기억으로 전환시키는 전략을 선택했다면, 수업 후 바로 대략적인 복습을 하고, 하루의 일과가 끝나기 전 다시 한번 복습을 하며, 주말에 1주일 동안 배운 내용을 복습하고, 월말에 한 달 동안 배운 내용을 총 복습해서 학습한 내용을 장기 기억으로 전환시켜야 한다.

절대학습량이 채워진 후 진검 승부의 장으로 들어섰을 때, 자신이 도전하는 시험이 주관식이라면 쓰면서 하는 공부법이 무엇보다도 중요하다. 손으로 쓰면서 하는 공부는 손이 기억하기 때문이다. 모나미 볼펜은 순수한 필기 시간이 여덟 시간 정도 되면 수명이 다하게 된다. 그러므로 하루에 한 자루 이상의 볼펜을 사용하겠다는 목표를 가지고 공부하는 것도 좋은 전략이 될 수 있다. 마찬가지로 절대학습량이 채워진 후 진검 승부의 장으로 들어섰을 때, 자신이 도전하는 시험이 객관식 시험이라면, 쓰면서 공부하는 것은 오히려 효율성을 떨어뜨리고 노력에 비해 공부 양도 받쳐 주지 못하는 비효율적인 방법이 되고 만다. 쓰지 않고 여러 번 읽는 것이 더욱 좋은 전략이 될 수 있다. 만일 객관식 시험을 준비하고 있다면 쓰지 말고 읽으면서 공부하자. 물론 중요한 내용은 밑줄도 쳐야 하고 메모도 해야 하겠지만 가능한 책을 한 번이라도 더 읽는 것이 효율적이다. 여러 번 반복해서 읽는 것만이 아니라 모의 시험을 보면서 테스트를 한다면 시험에 대한 준비는 더욱 철저하게 될 것이다. 그리고 틀린 문제에 대해서는 '왜 틀린 것일까?'라는 질문으로 약점을 찾기 위한 고민과 함께 해당하는 풀이 과정을 익힘으로써 실수를 줄여 나가자.

반복학습법

반복 학습법에는 '예습', '수강', '복습'의 세 가지 축이 존재한다.

예습은 강의를 들을 때 흐름을 잘 따라가며 집중할 수 있도록 하기 위한 것이므로, 생소한 용어를 익히면서 오늘 배울 내용의 포인트를 목차를 통해서 큰 그림을 그리듯이 전체적인 흐름을 파악하는 정도로만 해 주어도 충분하다. 강의 시간에는 강사의 움직이는 모습까지 모두 기억하겠다는 자세로 선생님과 끊임없이 아이 콘택트를 하며 손으로는 교과서에 없는 설명에 대한 모든 내용을 필기하는 것이 좋은 방법이다. 수강 후에는 노트를 정리해야 하는데 시간이 걸리더라도 교과서와 참고서, 필기 내용, 강의 자료까지 모두 모아서 단권화 작업을 진행하는 것이 좋다. 단권화 자료는 '에빙하우스의 망각곡선'의 시간 주기에 따라 복습해 주는 것이 좋다.

전주대학교에서는 2016년 11월 30일에 수업 노트를 활용한 학업 분위기 확산을 위한 '코넬 노트 경진대회'를 열었는데, 이 '코넬 노트'는 1950년 미국 코넬대학의 교수인 월터 포욱이 고안한 필기법이다. 코넬 노트는 상단에 제목, 왼쪽에 키워드, 오른쪽에 내용 정리, 아래에 내용 요약의 네 가지 파트로 구성되어 있으며, 코넬대학 월터 교수의 '5R' 이론은, '기록Record → 축약Reduce → 암송Recite → 숙고Reflect → 복습Review'의 5단계로 되어 있다. 이와 같이 노트 필기 시에는 강의 내용을 재구성하며 복습하는 것이 효과적이다. 노트 활용 시에 코넬 노트를 참고해 자신에게 맞는 노트 필기 작성법으로 변경해서 적용시키는 것은 좋은 방법이 될 수 있다. 포털 사이트에 '코넬식 노트 필기법'이라고 검색하면 자세한 내용과 참고 자료들을 확인할 수 있을 것이다.

반복 학습의 첫 단계는 소설책을 읽듯이 차분히 읽어 내려가는 것이다. 두 번째 읽을 때는 인과관계를 살펴보고, 세 번째 읽을 때는 이해되지 않은 부분을 확인하면서 읽는 것이다. 그리고 이해되지 않는 부분은 질문을 통해, 내가 모르는 가장 하위 개념까지 이해하면서 공부한다면 효과적인 공부를 해낼 수 있다. 그러나 가장 중요한 것은, 이해가 되든 안 되든 처음부터 끝까지 해 보는 것이다. 이해가 안 되고 모르는 게 많아도 묵묵하게 읽어 보자. 읽다 보면 언젠가는 이해하게 되며, 이해한 후에는 암기가 한결 쉬워진다. 반복해서 읽다 보면 열심히 외우려고 하지 않아도 이해를 통한 암기로 넘어갈 수가 있다는 것이다. 그리고 개념부터 한 단계씩 공부하다 보면 가속도가 붙어 공부하는 재미도 늘어날 것이다.

　처음부터 암기해야 한다는 부담은 버리고, 이해하기 위해 노력하며 읽어 보자. 그리고 두 번째 읽을 때는 중요한 부분에 밑줄을 긋는다. 세 번째 읽을 때는 밑줄 친 부분에 특히 집중해서 읽는다. 이런 과정을 통해 반복하다 보면 어렵게 암기하려 하는 것보다 더 자연스럽게 전체적인 내용이 암기될 것이다. 그래도 암기되지 않는 부분만 열심히 암기해 주면 된다.

백지학습법

수업을 들을 때 연습장을 반으로 접어서 왼쪽에는 강의 내용을 적고 오른쪽에는 수업 후에 백지 복습을 하며 연습하면 좋은 효과를 얻을 수 있다. 백지 복습을 할 때에는 내가 누군가를 가르치고 있다는 생각으로 내가 이 이론을 설명하는 중이라는 마음으로 페이지를 써 내려가는 것이 좋다. 백지 복습을 하다가 이해가 안 되는 부분이나 애매한 부분이 있다면 다시 한번 확인 후에 백지 복습을 완성하도록 하자.

백지 복습을 완성한 후에는 개념이 어떻게 문제로 변형되어 적용되고 심화되는가를 확인하기 위해, 기출문제나 예상 문제를 통해 실제로 적용 연습을 해 보아야 한다. 요즘 강사들은 강의력이 정말로 뛰어나다. 그래서 대부분의 학생들은 강의를 들을 때에는 모든 것을 이해한 것 같은 착각에 빠지곤 한다. 하지만 강의를 통해 이해한 내용은 아직 내 것이 아니라는 사실을 기억하고 충분히 내 것으로 만드는 시간을 가져야만 한다. 백지 복습을 통해 완전하게 이해와 암기를 이루어 내고 문제 풀이를 통해 약점을 파악해야만 하는 것이다. 백지 복습은 하루의 일과를 마친 후, 하루 공부의 마무리를 통해 하는 것이 효율적이다. 오늘 공부한 내용의 목차를 보고 그 내용에 해당하는 과정을 백지에 써 내려가며 복습한다면 오늘의 공부는 완성한 것이라고 봐도 좋다.

티칭학습법

　다른 수험생이 모르는 것을 가르치며 돕는 수험생의 성취도는 엄청난 성적 향상률로 보답된다. 가르치며 설명하는 것은 내 머릿속을 정리해 줌과 동시에 내가 알고 있는 내용에 대한 검증을 도와준다. 오늘의 학습을 마친 후에는 내 도움이 필요한 친구에게 혹은 백지에라도 스스로 선생님이 되었다고 생각하며 가르치듯이 설명하는 과정이 필요하다. 설명하는 과정을 통해서 안다고 생각했지만 실제로는 이해하지 못한 부분을 발견할 수 있으며, 나 자신의 공부를 완성할 수 있다. 이러한 티칭학습법에 대해서 수업디자인연구소 김현섭 소장은 "인지적인 면에서는 복습의 효과가 탁월하다. 인지 이론을 보면 우리가 들은 것을 다른 사람에게 가르칠 때 머릿속에 들어온 지식과 우리 안에 있던 각종 경험들이 정보로 구조화가 되어 자기만의 언어로 표현이 된다. 어떤 설명을 듣기만 할 때 스물네 시간이 지나면 약 10% 기억나지만 들은 걸 누군가에게 가르치면 스물네 시간이 지나도 90%가량 기억에 남는다는 연구 결과도 있다."라고 말한다.

　아무리 열심히 공부해도 성적이 계속 제자리인 학생이 있었다. 학생 본인도 너무 힘들었겠지만 지도하는 필자도 너무 마음이 무겁고 힘들었다. 많은 시간을 고민하다가 학생에게 그날 배운 내용을 필자에게 가르쳐 달라고 부탁을 했다. 제자들이 얼마나 힘든 공부를 하고 있는지도 알고 싶었지만, 그 학생에게 티칭학습법을 적용해 보고 싶은 마음도 있었던 것이다. 매일 저녁 학생은 필자에게 그날 공부한 내용을 설명해 주었는데, 설명하는 시간만큼 하루의 복습 시간이 줄어들었지만 학생의 성적은 비약적으로 상승했다. 이후에는 자신감을 얻어 혼자서 백지에 써 내려가며 누군가에게 설명하듯이 복습을 해서 원하는 대학에 합격할 수가 있었다.

티칭학습법의 중요한 개념은 내가 공부한 내용을 다시 한번 설명하면서, 논리적인 비약을 찾아내어 교정할 수 있고 반복해서 학습할 수 있다는 것이다. 이러한 과정을 통해 완전한 개념 학습과 문제 해결 능력을 기를 수 있다.

몰입학습법

누구나 자신이 좋아하는 것, 흥미를 느끼는 것에는 놀라운 몰입을 보이곤 하지만, 공부에 흥미를 느끼거나 좋아하는 학생은 그리 많지 않다. 이렇게 공부에 흥미가 없는 수험생이 공부에 흥미를 느낄 수 있도록 변화하기 위해서는 공부에 대한 자신감을 획득할 수 있어야만 한다. 몰입학습법에서 중요한 것은 나의 지식 수준과 학습 자료의 수준을 조화롭게 배치하는 것이다. 나의 지식 수준보다 너무 낮은 내용의 학습을 하게 되면 몰입에 방해가 된다. 마찬가지로 나의 지식 수준보다 너무 높은 내용의 학습을 하게 되어도 몰입은 되지 않는다. 몰입은 나의 지식 수준보다 배우는 내용이 약간만 더 높은 수준일 때 이루어진다는 것을 기억하자. 그렇기에 학습의 효율성을 높이고 싶다면 너무 수준 높은 교재나 강의를 선택하지 말고 자신의 수준에서 약 30~40% 정도의 모르는 내용으로 구성되어 있는 교재나 강의를 선택하는 것이 좋다.

정확한 목표도 몰입을 도와준다. 무엇을 위해 공부하는지 알 수가 없을 때는 공부를 포기하기도 쉬워지지만 공부를 해야만 하는 이유가 있을 때에는 그 목표에 대한 절실함이 몰입을 만들어 내기 때문이다. 그러므로 자신이 무엇을 위해 공부하는지, 언제까지 공부 성과를 내야 하는지에 대한 계획을 적어서 확인하며 공부하는 것도 공부의 효율성에 도움이 된다.

공부를 통해 승부를 보기 위해서 반드시 기억해야만 하는 것은, 무엇인가를 얻기 위해서는 대가 지불이 필요하다는 것이다. 그것은 공부에 더욱 정확하게 적용된다. 친구와의 관계성이나 내가 하고 싶은 취미, 고독감 등, 어느 정도의 대가를 지불할 각오는 하고 공부를 시작하는 것이 좋다. 성과는 대가 지불에서부터 시작된다.

운동과 수면

수험 준비는 장거리 경주이기에 마지막으로 시험을 치르는 순간까지 버틸 수 있는 체력이 수험 생활 성패의 주된 관건으로 작용하기도 한다. 그렇기에 적당한 운동과 수면은 수험생에게 필수적인 사항이다. 수험생에게 있어서 필요한 운동 시간은 하루에 30분 정도가 적당하다. 그리고 하루에 30분 정도의 여유 시간을 확보하는 것은 그 어떤 시험을 준비하는 수험생이라도 일과 중에서 확보가 가능한 시간일 것이다. 반드시 하루에 30분 정도만이라도 운동에 투자해서 수험이라는 장거리 경주에서 반드시 승리하도록 하자.

실제로 운동은 건강을 지켜 주기도 하지만 뇌 기능과도 매우 밀접한 관계가 있다. 공부에 집중이 잘되고 학습 능력이 뛰어나다는 것은 전두엽이 발달되어 있다는 것과 같은데, 운동을 하게 되면 전두엽의 기능이 향상된다.

1990년대 후반 미국 소크연구소의 프레드 게이지 박사 연구팀의 연구에 따르면, 쥐들에게 쳇바퀴를 지속적으로 달리게 한 결과 뇌의 해마와 전전두엽 부위의 부피가 증가하는 것을 밝혀냄으로써, 운동이 기억력 향상과 관련이 있음을 알아냈다. 또한 그들은 1998년에는 죽은 사람의 뇌를 관찰한 결과, 성인의 뇌에서도 기억이나 학습을 담당하는 해마 부위에선 세포분열이 일어나 새로운

뉴런이 만들어진다는 사실을 발견해 학술지『네이처』에 발표하기
도 했다.

1주일에 네 차례 정도 아이스하키를 하는 운동선수인 일리노이
대학 신경과학 운동생리학 실험실의 찰스 힐먼 교수는 일리노이주
의 초등학생 259명을 대상으로 아이들의 운동과 학습 능력의 상
관관계를 비교한 결과, 운동 능력이 뛰어난 아이들이 그렇지 않은
아이들보다 지능지수가 높다는 사실을 밝혀냈다.

필자가 지도하는 학생들도 하루 30분 정도의 운동으로 체력이
좋아지면서 학습 능력이 향상되는 것을 확인할 수 있었다. 운동
에 시간을 투자해 체력을 증진시킴으로써 학업에 방해가 되기보
다는 학습 능력 향상에 더욱 도움이 된다는 것이 증명된 것이다.

수면에 대해서는 일반적으로 사람들이 알고 있는 평균 수면 시
간은 여덟 시간 정도이지만 하루 네다섯 시간만 자도 충분한 사
람들이 있는 반면, 아홉에서 열 시간 이상을 자야만 개운한 사람
도 있기에 수험생으로서 수면의 질을 높이며 잠을 잘 자는 것은
충분한 수면 시간을 확보하는 것만큼이나 중요한 것이다.

질병관리본부는 2011년 청소년 건강 행태 온라인 조사 잠정치
를 발표했는데, 주중 평균 수면 시간은 중학생이 7.1시간, 일반계
고등학생이 5.5시간, 특성화계 고등학생이 6.3시간의 수면을 취하
는 것으로 나타났으며, 수면 시간이 다섯 시간 미만인 학생은 일

고여덟 시간 자는 학생보다 흡연, 음주, 스트레스, 자살 생각, 인터넷 이용 시간 등의 건강 행태가 나쁜 것으로 나타났다. 수면의 질을 위해 자신을 관리하는 것은 정말 중요한 것이며, 수험생은 수험생의 본분에 충실하기 위해 해야 할 것과 하지 말아야 할 것을 잘 구분하는 지혜를 발휘해 자신의 본능을 절제할 필요가 있다.

이상적인 수면 시간이 여덟 시간 정도라고 하지만, 1분 1초가 아쉬운 수험생에게는 하루에 평균적으로 대략 여섯 시간 정도의 수면 시간이면 충분할 것이다. 수험생에게 하루 여섯 시간의 수면 시간 확보가 중요한 이유는 첫째로, 머리가 맑지 않으면 학습 효율성이 떨어진다. 둘째로, 학습한 내용은 수면을 통해 장기 기억으로 저장될 시간이 필요하기 때문이다. 하지만 공부를 하다 보면 하루에 여섯 시간의 수면 시간도 확보하기가 어려운 경우가 있다. 이럴 때에는 1주일 단위로 수면 시간을 전략적으로 확보해야 한다. 1주일에 6일간은 최소한의 수면 시간인 네 시간 정도의 수면을 취한다. 하지만 적어도 1주일에 하루는 여덟 시간 이상의 충분한 수면 시간이 확보되어야 한다. 이러한 방법은 가톨릭대학교 의과대학에서 신경외과를 전공한 필자의 매형이 알려 준 방법이다.

정리하자면 이렇다. 수험 기간의 전략을 세울 때, 수면 시간에 대해서는 하루에 정기적으로 여섯 시간의 수면 시간에 대한 확보가 가능하다면 그것이 가장 좋은 방법이며, 하루 여섯 시간의 수면 시간조차 부담스러울 정도로 절대학습량을 채울 시간이 부족한 상황이라면, 하루에 네 시간의 수면을 취하다가 1주일에 한 번만 여덟 시간 이상의 긴 수면 시간을 확보해 수면을 취하면서 부족한 수면을 보충해 주면 버틸 수 있다는 것이다. 독자분들의 수험 생활에 있어서 전략적인 운동과 수면을 통해 목표를 이루어 내는 데 도움이 되기를 소망한다.

3. 완전학습 계획

"흉유성죽胸有成竹".

"대나무 그림을 그리기 이전에 마음속에 이미 완성된 대나
무 그림이 있다."라는 뜻으로, 일을 처리하는 데 있어 이미 계
산이 모두 서 있음을 비유하는 말.

자신의 목표를 확실하게 세운 다음에는, 그 목표를 최대한 작게
나누어야 한다. 1년의 목표가 세워졌다면, 그 목표를 한 달의 목
표로 다시 나누고, 한 달의 목표를 1주일의 계획으로, 1주일의 계
획을 하루의 학습으로 나누어 '완전학습 계획'을 실천한다면, 당신
의 수험 생활은 반드시 성공할 것이다.

시험 후기 작성법

시험에서 무엇보다도 중요한 것은 시간 안에 문제를 풀고, OMR 카드를 작성해 내는 능력이다. 설사 모든 시험문제가 알고 있던 내용이라고 하더라도, 시간 안에 문제를 풀어 OMR 카드를 작성해 내지 못한다면 소용이 없다. 반드시 시간 안에 문제를 풀고, OMR 카드를 작성하는 연습을 하자. 심리적인 안정감도 중요하다. 내가 쉬우면 다른 수험생에게도 쉬우며, 내가 어려우면 다른 수험생도 어렵다는 것을 기억하고 심리적으로 흔들리지 않는 연습을 하자. 시험 후기는 이러한 모든 과정을 적으면서, 시험을 보기 전까지 어떤 방법으로 공부를 했고 학습 성취도는 어느 정도나 되는지, 보완할 점은 없는지, 어떤 과목에서 실수를 했거나 어려웠는지, 또는 시간이 부족했는지 등등에 대해서 자신의 지금까지의 학습법과 태도를 되돌아보는 시간을 갖는 것이다. 그러므로 시험 후기는 어떤 형식이 있다거나 누군가에게 검사를 받기 위해 작성하는 것이 아니다. 철저하게 자신을 분석해 다음번의 시험에서 실수를 줄이고 학습 계획을 제대로 세우기 위해 작성하는 것이다. 철저하게 자기 자신을 분석해 시험 후기를 작성했다면, 다음의 세 가지를 시험 후기를 통해 확인할 수 있다.

첫째, 자신에게 부족한 부분이 무엇인지 정확하게 파악하고 보완할 수 있는 방법을 분석할 수 있다.

둘째, 시험의 출제 방향과 유형을 파악해 다음 시험을 준비할 수 있다.

셋째, 자신의 학습법을 파악하고 점검해 더 체계적이고 계획적인 학습법을 시도해 볼 수 있다.

시험 후기를 작성한 후에, 이 세 가지 사항을 검토해 새로운 공부 계획과 학습법에 적용한다면 다음 시험에서는 이전보다 더욱 좋은 결과를 만들어 낼 수 있을 것이다.

학습 계획표 작성법

학습 계획표란 자기 주도 학습과 학습 전략을 위해 학습 계획을 수립해 정리하는 것을 말한다. 수험생에게 있어서 공부 시간 확보와 무엇을 어떻게 공부할 것인가에 대한 전략은 없어서는 안 될 아주 중요한 사항이다. 공부 시간 확보와 같은 경우에는 없는 공부 시간을 억지로 내려고 하기보다는 학습 계획표를 통해 일정을 계획하는 것이 시간 확보에 확실하게 도움이 된다. 공부 시간 확보 이외에도 학습 계획표를 작성해야만 하는 이유와 작성 방법으로는 아래의 여섯 가지 이유와 방법이 있다.

첫째, 학습 계획을 세워 두지 않는다면 과목별 학습 시간 안배나 시험에 대한 대비가 제대로 이루어지지 않는다. 자습과 수업과 과목을 두고 이리저리 방황하게 될 수밖에 없다.

둘째, 학습 계획을 세워 두면 집중력이 향상된다. 슬럼프가 오더라도 시험 직전에는 어느 정도 집중력이 향상된다. 시험 기간에 집중력이 향상되는 이유는 시험 범위가 정확하게 정해져 있으며, 내가 공부할 수 있는 기간 또한 정해져 있기 때문이다. 학습 계획을 세워 두면 시험 기간의 집중력을 당겨 오는 효과가 있다. 무엇을 공부해야 할지 고민하지 않아도 되고, 더 좋은 교재나 인강 혹은 다른 수험생의 공부 방법을 따라 해야 하는지에 대한 걱정도 필요 없게 된다. 시험 기간과 마찬가지로 학습해야 하는 부분이 정해져 있기 때문에 정확한 목표를 향해 학습 시작과 동시에 집중적인 공부가 가능한 것이다.

셋째, 학습 목적에 따른 계획을 세워야 한다. 공무원이나 자격시험을 준비할 경우, 1년의 목표를 한 달의 목표로 쪼개고, 한 달의 목표를 한 주의 계획으로 쪼개고, 한 주의 계획을 하루의 계획으로 세우는 것이 좋다. 입시를 준비할 경우, 3년의 목표를 1년씩의 목표 셋으로 쪼개고, 1년의 목표를 1학기, 여름방학, 2학기, 겨울방학의 네 번의 목표로 쪼개고, 이것을 한 주의 계획으로 쪼개어, 이를 하루의 계획으로 세우는 것이 좋다.

넷째, 수험서는 언제까지 1회 공부를 마치겠다는 계획, 기출문제는 언제까지 풀겠다는 계획, 이런 계획을 언제 학습할지에 대한 계획을 세워야 한다.

다섯째, 계획이 언제나 완벽할 수는 없다. 항상 실행하다가 보완하고 변경해야만 한다. 즉, 언제라도 수정이 가능해야 한다는 것이다. 계획을 모두 실행하지 못했다면, 남은 부분을 언제까지 할 것인지 고려해 학습 계획표에 반영하면 되는 것이다.

마지막으로, 1주일의 계획을 세울 때, 주말의 계획은 세우지 않는 것도 하나의 방법이다. 평일에 최선을 다해 공부하다가, 다 나가지 못한 분량을 주말에 보충하는 것도 좋은 방법이며, 한 주간의 학습 내용을 복습하는 시간으로 활용해도 좋다.

수험생에게 추천하는 사이트

내신 기출문제

▶ 해당 학교 홈페이지에서 공개

▶ 족보닷컴: https://zocbo.com

▶ 내신코치: http://nscoach.com

▶ 기출비: http://cafe.naver.com/michiexam

모의고사, 학력평가, 수능 등의 기출문제 제본 서비스

▶ 원업: http://www.oneupbook.co.kr

▶ 홀로서기: http://www.holro2.co.kr

▶ 도도북: https://cafe.naver.com/dodobooks

고등학교 교과서 구매

▶ 한국검인정교과서협회: http://www.ktbook.com

한국교육과정평가원

▶ 대학수학능력시험: http://www.suneung.re.kr

대학입학 관련 정보

▶ 대입정보포털 어디가: http://www.adiga.kr

▶ 대학알리미: https://www.academyinfo.go.kr

▶ 진로정보망 커리어넷: https://www.career.go.kr

▶ 한국대학교육협의회: http://www.kcue.or.kr

기타 사이트

▶ EBSi 국가대표 고교강의: http://www.ebsi.co.kr

▶ 오르비: https://orbi.kr

▶ 수만휘: https://cafe.naver.com/suhui

제4장

학원 운영 전략

제4장

학원 운영 전략

★★★

지금은 "융합의 시대"라고들 한다. "과거는 지식의 시대였고, 현재는 지혜의 시대이며, 미래는 영성의 시대"라고도 한다. 시대는 이렇게 변화하고 있고 사람들도 변화하고 있기에 학원이 시대의 흐름을 읽으며 변화해야만 하는 것은 선택이 아닌 필수가 되어 버린 것이다. 학원을 성공적으로 운영하고 있는 원장들의 노하우를 배우고 적용한다면 지식을 배운 데서 그치는 것이 아니라 행동으로 옮기는 용감한 원장이 될 수 있을 것이다. 학원을 성공적으로 운영하고 있는 원장들의 노하우를 배우고, 그 배운 지식들을 융합해 더 좋은 서비스를 내놓는다면 미래를 보는 안목이 있는 지혜로운 원장이 될 수 있을 것이다. 학원을 성공적으로 운영하고 있는 원장들의 노하우를 배우고, 그 배운 지식들을 융합해 더 좋은 서비스를 내놓으면서, 학생과 함께 울고 웃으며 학생의 성장을 간절히 바라는 어버이의 마음으로 학원을 운영한다면, 초격차 학원을 만들어 내는 위대한 스승이 될 수 있을 것이다. 학원을 운영하는 데는 전략이 필요하다. 하지만 전략보다 더 중요한 것은 진심에 있다. 필자는 학원에서 근무하면서, 사람을 성장시키기 위해 진심을 다해 노력하시는 원장님들을 보면서 감동을 받을 때가 많았다. 학생을 진정으로 위한다면, 조직원을 진심으로 위한다면 그 마음은 드러내지 않으려 해도 저절로 드러나게 되어 있다는 것을 학원을 통해서 배웠다.

물론 필자가 경험했던 학원들이 완벽하게 이상적인 것은 아니었다. 경쟁도 있고, 사내 정치도 있으며, 불완전하고 이기심도 보이며 서로를 미워할 때도 있었다. 하지만 학원에는 사람을 위한다는 기본적인 마인드를 통한 용서와 배려와 기회가 있다. 무엇보다 사람이 중요하다는 것도, 사교육을 통해서도 사람을 성장시킬 수 있다는 것도, "학생 중심"이라는 것은 학생을 사랑한다는 가장 멋있는 스승의 표현이라는 것도 학원에서 배웠다. 그렇기에 필자는 학원에서 모든 사람들에게 배우고 있다. 학원 운영진, 원장, 부원장, 강사, 동료, 학생들 모두가 나에게 깨달음을 주는 스승들이며 나의 가장 소중한 사람들인 것이다. 이제 학원 운영의 가장 큰 전략이 무엇인지 느낌이 오는가? 학원 운영의 가장 큰 전략은 바로 마음이며 진심에 있다.

사람을 성장시키고 싶다는 소망이 있는가?, 당신의 제자들이 대한민국을 변화시키고 세계에 선한 영향력을 끼치는 날이 오기를 기대하면서 전율하는가? 아무런 대가가 없더라도 제자이기에 사랑하고 용서할 마음이 있는가? 제자가 나보다 더 큰 사람이 되기를 간절히 바라는가? 누구보다도 제자의 성공을 원하는가? 그렇다면 당신은 이미 초격차 학원을 만들어 낸 위대한 스승들의 자질을 갖추었다고 믿어도 좋다. 이제 눈물을 흘리며 씨 뿌리는 일만이 남았다. 당신의 진심을, 당신의 헌신을, 당신의 사랑을, 당신의 희망을 학원에 심어라. 눈앞에 당신의 상상이 현실이 되어 나타날 것이다.

먼저 심고 나중에 거둔다는 것은 참으로 멋진 일이다. 그것은 세상의 신비이며 학원의 신비이기 때문이다.

1. 최고의 원장이 되어야 하는 이유

　최고의 원장이 되어야 하는 이유는 학원의 이익이나 원장 자신의 성공을 위해서라기보다는 학원을 믿고 등록해 준 학생과 학부모의 기대에 부응해 실제적인 도움을 주기 위해서다. 최고의 원장이 되어 학생과 학부모와 학원 모두가 성장할 수 있도록 운영하는 것만이 학원에 주어진 사명을 완수하는 길이며, 자신이 사랑하는 사람들을 지킬 수 있는 유일한 방법이기 때문이다.

　이 세상에 위대한 사람은 없다.

　단지 평범한 사람들의

　위대한 도전이 있을 뿐이다.

― 윌리엄 프레데릭 홀시

(제2차 세계대전 당시의 미 해군 제독)

학원에서 승부를 보기 위해서는 원장이 자신의 능력을 증명하기 위해서 노력하기보다는, 강사와 직원이 자신의 업무를 잘 해낼 수 있도록 도와주는 편이 성과적인 측면에서 훨씬 더 효율적이다. 그리고 강사와 직원이 일을 잘 해낼수록 원장의 능력은 빛을 발하게 된다. 그러므로 원장이 자신의 장점을 100퍼센트 발휘해 성과를 내기 위해서 노력하는 것보다는 학원에서의 승부를 위해 자신의 성과가 가려지는 것 같더라도 강사와 직원이 빛날 수 있도록 노력하는 것이 최고의 원장이 될 수 있는 가장 지혜로운 방법일 것이다.

학원의 성공과 실패에 대한 모든 책임은 원장에게 있기 때문에 원장은 시대의 흐름을 읽으면서 시대가 요구하는 교육을 세상에 내놓기 위한 연구를 게을리해서는 안 된다. 혼자서 시대가 요구하는 교육을 세상에 내놓기는 어려울 수도 있지만 함께 팀을 이루어 시도한다면 가능할 것이다. 새로운 시도에 대한 모든 결정의 책임은 원장이 지게 되겠지만, 그 과정에 강사와 직원을 참여시킴으로써 함께 고민하며 추진한다면 성공의 가능성은 그만큼 더 커지게 될 것이다. 조직원과 함께 학생과 학부모를 위한 발전적인 일들을 논의하고 실행해 보자. 실행한 것을 성공시키기 위한 진정성 있는 노력이 지속되는 어느 순간, 당신은 이미 최고의 원장이라 불리고 있는 자신을 발견하게 될 것이다. 필자가 원장에게 책임이 있다는 내용을 두 번이나 언급한 데에는 이유가 있다. 큰 힘에는 큰 책임이 반드시 따르며, 원장은 책임을 지는 사람이기 때문이다.

당신은 학원을 통해 자신의 이상을 실현시키고 싶은가? 사랑하는 사람들을 지키고 싶은가? 제자들에게 스승이라는 이름으로 기억되고 싶은가? 도움을 필요로 하는 사람들에게 도움을 줄 수 있는 사람이 되고 싶은가? 세상을 조금 더 아름다운 곳으로 변화시키고 싶은가? 당신만의 이유를 생각해 보자. 당신이 최고의 원장이 되어야만 하는 이유를 찾게 되는 순간, 그 이유를 알게 되는 순간, 그 이유는 당신만의 사명이 될 것이며, 그 사명이 당신을 최고의 원장으로, 위대한 스승의 자리로 이끌어 갈 것이다.

당신이 최고의 원장이 되어야 하는 이유를 찾으려 고민하기 전에 들려주고 싶은 내용이 있다. 그것은, 똑같은 한 사람이 장군의 복장과 노숙자의 복장으로 똑같은 장소에서 똑같은 행동을 했을 때 사람들은 어떠한 반응을 보일 것인가에 대한 실험을 진행한 내용이다. 2010년 1월 17일에 방영된 〈SBS 스페셜〉 '신년특집 4부작 나는 한국인이다—출세만세'의 3부 '개천의 용을 꿈꾸는 당신에게' 편의 내용을 소개한다.

제복을 입은 한 남자가 나타난다. 그의 어깨엔 별 두 개가 달려 있다. 그는 장군 복장으로 5성급 특급 호텔로 들어갔다. 호텔의 모든 직원들이 그에게 친절했다. 그는 호텔을 나와서 다시 노숙자의 옷으로 갈아입는다. 노숙자 차림으로 호텔을 들어가자, 입구에서부터 직원이 막아선다. 두 번째 상황은 노숙자 복장으로 명동

한복판과 여의도 증권가에서 기절한 사람인 듯 누워 있는 상황이다. 사람들은 그에게 무관심했다. 명동에서는 12분이 지나서야 누군가 신고를 해 주었고, 여의도에서는 10분이 걸렸다. 다시 그는 샤워 후, 장군복으로 갈아입고는 똑같은 장소에서 똑같이 기절한 척을 했다. 보이는 옷차림 외에는 모든 게 똑같았지만, 불과 1분 만에 상황이 종료되었다. 그를 도우려는 사람들이 순식간에 모여든 것이다. 그리고 실제로 노숙자였던 그는 실험 종료 후에 이렇게 말한다. "한 시간, 한 시간 흘러가는 게 시간이 아쉽고, 이제 이 옷 벗어 버리면 안 입을 거예요. 내가 왜 이렇게 살았을까? 나에게는 새로운 인생의 문이 활짝 열린 것 같습니다. '나는 안 돼. 해도 안 돼.' 그런 생각은 한강물에 던져 버리고, 세상을 바라보는 시각을 긍정적으로! 사람은 역시 출세해야죠. 출세해야 된다!" 실험 참가 후, 그의 마음에 성공을 향한 씨앗이 심겨진 것이다. 그의 인생에도 **기적=Σ열망**의 시간이 시작된 것이다. 그리고 내레이션은 마지막으로 시청자들에게 묻는다. "당신은 지금 사람들의 특별한 눈길을 받는 장군처럼 출세하셨습니까? 아니면, 출세를 아예 잊었거나, 포기한 채 살고 있습니까?"

오랫동안 준비한 사람이

세상의 부름을 받고 나와 만인을 위해

봉사의 길로 들어서는 것을 '**출세**'라고 한다

똑같은 사람이지만, 너무나도 다른 반응이 놀랍지 않은가? 학원가의 원장 중에서 최고의 원장과 같이, 장군은 군대에서 최상급 지휘관을 가리킨다. 그중에서도 위의 실험에서와 같이 대한민국 2성 장군(소장)은 보통 육군의 보병사단장, 해군의 함대사령관, 해병대 사단장, 공군 군수사령관 정도의 직책을 맡고 있다. 군인들이 대한민국 2성 장군을 무시할 수 있을 것 같은가? 그들은 장군이 자신의 군 생활의 모든 것을 바꿀 수 있는 사람이란 것을 알고 있기에, 결코 무시할 수가 없는 것이다. 수험생들도 마찬가지다. 수험생들은 최고의 원장이 자신들의 학원 생활의 모든 것을 바꿀 수 있는 사람이란 것을 알고 있기에 결코 무시할 수가 없는 것이다. 사실 최고의 원장에게는 그보다 더 큰 의미의 영향력이 있다. 그것은 수험생의 인생을 바꿀 수 있는 기회가 올 수도 있다는 사실이다. 여기에 최고의 원장이 되어야 하는 이유가 있는 것이다. 주변의 기대와 반응이 달라지고 사람의 인생을 변화시킬 수 있는 기회가 주어질 수도 있다는 이야기다. 당신이 최고의 원장이 된다면, 학원을 통해 당신의 이상을 실현하는 것을 넘어, 대한민국을 살릴 수도 있다.

지금 현재의 대한민국을 한번 바라보라. 어떻게 대한민국이 이렇게 무능력하게 무너져 버린 '헬조선'이 되어 버렸는가? 사람들은 한국이 지옥에 가깝고 전혀 희망이 없는 사회라며 "헬조선"이라는 말을 서슴없이 내뱉는다. 한국이 지옥과 비견될 정도로 살기 나쁜

나라라는 것이다. 여기에는 정부 정책에 대한 불만에서 비롯된 연애, 결혼, 출산, 내 집 마련, 인간관계, 꿈, 희망 등 셀 수 없이 많은 것들을 포기해야만 한다는, 'N포 세대'라는 의미뿐만이 아니라, 청년 실업 문제, 경제적 불평등 등으로 인해 한국에는 미래가 없다는 좌절의 의미도 포함되어 있다. 그 말에 대해 방증이라도 하듯이, 경제협력개발기구OECD 국가 중에서 한국은 15년째 자살률 1위를 기록하고 있으며, 그 면면에는 빈곤 문제로 인한 자살과 청년 자살, 노인 자살 등 전반적으로 한국 사회에는 문제가 많아 보인다.

　누가 이렇게 대한민국이 무능력하게 무너지는데도 가만히 있었는가? 도대체 교육자들은 무엇을 어떻게 한 것이란 말인가? 매스컴에서는 대한민국의 위대함을 자화자찬하지만, 실제로 대한민국의 민낯은 이렇게 썩어 들어가고 있는데, 당신은 눈 가리고 아웅하는 식으로 넘어갈 것인가? 누가 이러한 사회적 현상들에 대해서 책임을 지고 일어설 것인가? 누가 대한민국의 청년들에게 사회적 책임에 대한 모범을 보이며 일어날 것인가? 지금 손해를 볼까 봐서 가만히 있는다면 모두 다 함께 죽음의 길로 걸어가게 될 것이다. 그러나 대한민국의 변화와 성장을 위해 지금 당장은 오해를 받더라도, 그래서 비난을 받게 되더라도, 그리고 고되더라도 일어선다면 우리는 살 수 있다. 다른 사람을 일으키려면 자신도 일어서야 하는 것처럼, 대한민국을 일으키기 위한 시도는 최고의 원장이 되어야만 하는 이유이며, 방법인 것이다.

당신에게 성공이란 무엇인가? 그리고 성공을 이루어 낸 후에는 무엇을 할 것인가? 자신만을 위한 성공인지, 나라와 민족을 위한 성공인지 자신의 가슴에 손을 얹고 생각해 보자. 그리고 결단하자. 수험생을 위해, 학원을 위해, 절대적으로 최고가 되어야 한다고… 우리는 아직 늦지 않았다. 우리는 왜 아직까지 결단하지를 못하고 각오하지를 못했는가? 학원을 성장시키는 길이 힘들고 고되더라도, 더 힘들고 고된 길로 갈 수 있는 용기, 그것이 초격차 학원 원장의 모습이다. 스승이 결단하고 각오하며 헌신하는 모습으로 제자들에게 다가갈 때, 학원은 성장할 것이며, 결국 그 모습은 제자들에게 귀감이 될 것이다. 그러한 모범은 제자들이 수능을 치른 이후의 삶에 엄청난 영향력을 행사한다. 결국 그들이 학원에서 배운 모습대로, 각자의 자리에서 결단하며 각오해 실력자가 되어 영향력을 행사한다면 대한민국을 살릴 수가 있다. 그렇기에 최고의 원장이 되기 위해, 계속 도전해야 하고, 향상되어야만 하며, 미래 지향적이 되어야만 한다.

학원의 발전과 성장을 위해서는 절대로 만족이란 있을 수가 없다. 지속적인 도전 의식, 목숨을 건 헌신, 나라와 민족을 위한 애국심, 개인적인 영달 차원의 소원에서 나라와 민족과 세계 인류를 위한 차원의 소원으로의 소원의 확장, 그것을 위한 열정, 그것이 바로 **기적=Σ열망**이며, 기적은 반드시 일어날 것이다. 지금 당신의 주변을 살펴보라. 당신의 제자들을 보라. 대한민국의 현실을 보라. 자기의 명예가 귀하고, 자신의 편안함이 귀하고, 자기 자신이 그 누구보다 귀하기에, 그리고, 우리가 그렇게 가르쳤기에, 목숨을 걸고 나라를 구할 생각을 하지 않는 것이다. 당신이 있는 그 자리를 사수하고, 그 자리에서 최고가 되어야만 한다. 우리는 피를 토하며 노력해야만 한다. 당신이 있는 그 자리에서 안주하지 말고 무조건 돌파하고 최고가 되어야만 한다. 수험생을 위한 헌신, 수험생의 인생을 바꾸는 기적, 당신이 도전하기만 한다면 해낼 수 있을 것이다. 대한민국이 1945년 8월 15일, 35년 만에 광복을 맞이할 수 있었던 것은 기적이었다. 그러나 그것은 사실 기적이 아니었다. 그곳에는 최고의 인재들로 구성된 독립투사들이 있었으며, 지혜와 전략이 있었다. 그 시대에 막강하게 대한민국의 독립을 이끌고 발전을 이룩해 낸 사람들은 최고의 전략가들이었다. 대한민국의 독립운동을 이끌었던 사람들은 자신의 삶에 피를 토해내는 열정이 있는 사람들이었다. 그런 헌신이 있었기에 기적을 이끌어 낼 수 있었으며, 그것이 **기적=Σ열망**이었던 것이다. 이쯤에서 당신은 어쩌면, 한국이 독립할 수 있었던 것은 미국이 일본 히로시마와 나가사키에 원자폭탄을 투하했기에 가능했다고 항변할 수도 있을 것이다. 사실이다. 미국은 1945년 8월 6일, 히로시마에 리틀보이라는 원자폭탄을 투하했고, 이어서 1945년 8월 9일에는 나가사키에 팻맨이라는 원자폭탄을 투하했다. 결국 견디다 못한 일본은 며칠 뒤인 1945년 8월 15일에 천왕이 무조건인 항복을 발표함으로써, 전쟁이 끝남과 동시에 우리나라가 독립을 이룰 수 있었던 것이다. 일본이 패망한 후 미국과 소련은 정치적인 목적으로 한반도를 분단해서 점령했고, 이후 1948년 8월 15일에 대한민국 정부가 수립되었다. 그러나 독립투사들은 1910년 8월 29일 일본이 '한일합병조약'을 체결하며 대한제국을 강제 점령하기 시작한 이후부터 1945년 8월 15일에 우리나라가 해방될 때까지 지속적인 독립운동을 벌여왔다. 가장 대표적인 운동은 바로 삼일운동이다. 1919년 3월 1일 오후 2시경에 파고다 공원 및 전국의 7개 도시에서 독립선언서가 낭독되자, 대한민국 200만이 넘는 사람들이 "대한 독립 만세!"를 외친다. 물론 일본은 무차별적으로 총기를 발사하지만 대한민국의 독립투사들은 결코 물러서지 않고 자신의 목숨이 다할 때까지 "대한 독립 만세!"를 외쳤다. 우리가 지금 이 시대를 살아갈 수 있는 것은 그러한 독립투사 분들의 희생 덕분인 것이다. 1919년 3월 1일에 일어난 독립운동은 대한민국 국민을 전율하게 만들었고, 아시아를 넘어 전 세계를 감동시켰을 뿐만 아니라, 하늘까지 감동케 했다. 물론, 독립투사들이 직접적으로 우리나라의 독립을 이루어 낸 것은 아니었을 수도 있다. 하지만 그들은 그들의 행위로 하늘마저 감동시켰다. 그렇게 그들은 아무런 성과도 없이 죽어 간 듯 보였지만, 그들의 염원은 대한민국의 밀알이 되었고, 그 결과 그들의 정신은 현재 대한민국의 기둥이 되어 있는 것이다. 그러한 선열들의 희생과 헌신이 있었기에 지금의 우리가 있을 수 있는 것이다. 대한민국의 독립을 향한 선열들의 무한한 열망! 자신이 이룰 수 없다면 또 다른 대한의 누군가가 이루어낼 것이라는 믿음! 이처럼 자신의 꿈을 반드시 자신이 이루어야만 하는 것은 아닌 것이다. 오히려 죽음을 불사하는 헌신으로 하늘을 감동시킨다면, 설사 자신의 눈으로는 볼 수 없다고 하더라도 그 꿈은 실현될 것이다. 독립투사들은 그렇게 죽음을 불사하는 헌신으로 그들의 꿈을 그들의 피로 심어서 대한민국에 생명을 불어넣었다. 그렇게 그들은 이미 대한민국의 독립을 보았던 것이다. 위대한 대한민국 독립투사들의 후손인 우리들에게도 그러한 선열들의 정신이 깃들어 있다는 것을 우리는 경험을 통해서 배웠다. 촛불집회, IMF 금 모으기, 월드컵 응원의 함성 "대—한민국!", 그렇게 우리에게는 아시아와 전 세계를 넘어 하늘을 감동케 하는 정신이 깃들어 있는 것이다. 그렇기에 우리에게는 전 세계에 감동과 영감을 줄 수 있는 파워가 있다. 다시는 기죽지 마라! 지금 당장 일어나라, 그리고 **기적=Σ열망**을 실행하라! 그리고 당신이 일으키는 기적에 전율하며 세상을 감동케 하라! 당신은 해낼 수 있다. 무조건 자신이 될 수 있는 한 최고의 원장이 되어야 한다. 최고를 꿈꾸는 사람만이 최고의 학원을 만들어 낼 수 있으며, 최고의 나라를 만들 수 있다. 그렇게까지 살고 싶지는 않은가? 편안하게 삶을 즐기며 살고 싶은가? 그렇다면 이 장, 「최고의 원장이 되어야 하는 이유」는 보지 말고 다음 장을 보시길 추천드린다. 당신에겐 상처가 될 테고, 필자에겐 아픔만 남을 테니….

마음의 준비가 되었는가?

필자는 그 누구보다 어리석었으며, 미래가 없는 젊은이였다. 필자는 게을렀고, 편안함만을 추구했었다. 만일 전쟁이 났다면…, 필자는 그 누구보다 빠르게 도망갔을 것이다. 하지만, 학원가에서 초격차 학원을 만들어 낸 원장들을 보면서 필자는 깨닫게 되었다. 그들은 필자에게 아무런 말도 하지 않았지만, 삶으로 필자에게 말하고 있었다. 그것은 마치 필자에게 깨달으라고 온몸으로 외치는 고함 소리 같았다. 그리고 그들의 삶의 모범을 통해서 깨달았다. 인생을 완성할 수 있는 길은 오직, 자신의 목표를 정하고, 그 목표를 향해 '헌신'하는 것뿐이라는 것을. 그것은 노력으로는 부족했다. 소망으로도 부족했다. 그것은 오직, 자신의 모든 소원을 담은 기대와, 그 기대를 이루기 위한 헌신을 합친 한 단어, '열망'뿐이었던 것이다. 물론, 열망의 사전적인 의미는 "열렬하게 바람."이다. 하지만, 열렬하게 바란다는 것은 그것을 이루기 위한 노력까지도 수반한다는 의미다. 그래서 **기적=Σ열망**인 것이다. 열망하라! 그 어떠한 대가를 치러야 하더라도 반드시 이루겠다는 자세로 열망하라! 계속 그 자리에만 머무르면서 편안하게 사는 삶에는 영향력이 있을 수가 없다. 육체의 편안함만을 추구하며 대충대충 사는 삶에는, 기적이 일어날 수가 없다는 것이다. 매일의 삶 속에, 나의 헌신이 담긴 손길이 심겨야 한다. 각자 자신의 분야에서 열망하며 싸워야 한다. 강사는 강의와 싸워야 한다. 원장은 학원 경영과 싸워야 한다. 관리자는 관리적인 부분과 싸워야 한다. 상담자는 상담과 싸워야 하고, 미화원은 청소하려는 대상과 싸워야 한다. 각자의 분야에서 그 분야를 놓고 피 터지는 싸움을 해야만 한다. 더 잘하기 위한 전략을 세우고, 업무와 싸워 이기기 위한 전투를 해야 한다. 서비스업자들은 고객들에게 최고의 만족을 주기 위해 자신의 업무와 싸워서 반드시 이겨야만 하고, 선생들은 제자들을 위해 자신의 업무와 싸워서 최고의 교육 서비스를 제공해야만 한다. 제자들은 말이 아닌 행동을 보고 배우며, 행동을 보고 배운 제자들은 나라의 미래를 걱정하며, 조국 대한민국을 위해 헌신하게 될 것이기 때문이다. 그렇기에 최선을 다하는 사람만이 애국을 할 수 있는 것이며, 헌신하는 사람만이 남을 도울 수 있고, 피를 토하는 열정으로 열망하는 사람만이 대한민국을 살릴 수가 있는 것이다. N포 세대? 포스트 코로나? 좌절? 포기? 헬조선? 이러한 모든 근심과 자포자기하는 모든 나약함들은 모두가 당신과 필자의 잘못이다. 피를 토하는 열정으로 최선을 다해 헌신하는 모범을 보이지 못한 이 세대 스승들의 잘못이다. 지금부터, 강력한 조국 대한민국을, 세계에서 우뚝 설 대한민국을, 모든 나라들에게 존경받을 대한민국을 열망하며, 당신이 있는 그 자리에서 당신이 해야 할 일들을 위해 피를 토해 내는 심정으로 헌신해 보라. 당신의 학원이 바뀌고, 당신의 제자가 바뀌고, 당신의 인생이 바뀌고, 조국 대한민국이 바뀌고, 세상이 바뀌고, 전 세계가 우리 대한민국을 따를 것이다. 왜냐고? 세상이 해결할 수 없는 일들에 대한 해답을 줄 수 있는 사람은, 그러한 삶을 살아 내는 대한민국 사람들 뿐일 테니까! 당신이 삶으로 모범을 보이는 그 순간부터, 세상은 우리에게 답을 물어보며 우리의 입만을 쳐다보게 될 것이다. 전율하라! 우리가 세상을 주도할 것이다! 그렇기에 **기적=Σ열망**이다. 그것은 곧 모든 열망을 합친 헌신이다. 그렇기에 기적은 반드시 일어난다. 설령, 당신의 인생에서는 모든 열망을 담은 헌신을 통해서도 기적이 일어난 적이 없다고 한다면 생각해 보라, 거기에는 반드시 인생의 돌파구가 될 만한 기회 혹은 계기가 반드시 있었을 것이다. 단지 그것을 당신이 보지 못한 것뿐이다.

당신은 멍청해서 할 수 없다고? 걱정하지 마라. 필자가 더 멍청하다. 당신은 나약해서 할 수 없다고? 걱정 마라, 필자가 더 나약하다. 당신은 의지가 약해서 할 수 없다고? 걱정 마라, 필자가 더 의지가 약하다. 당신이 무슨 변명을 하든, 필자보다 더 많은 변명을 가지고 있을 수는 없을 것이다. 이전까지 필자의 삶은 무엇 하나 시도해 보지 못한 삶이었으니까….

당신도 그렇다고? 그렇다면, 이제부터는 생각을 바꿔 보자. 설사 열매가 맺히지 않더라도 심어 보자. 그렇게 세상을 변화시키기 위한 작은 씨앗을 심어 보자. 단언하건대, 당신에게는 무한한 가능성과 능력이 있다. 당신은 열정을 다해서 살아 본 적이 있는가? 당신의 노력으로 나타나게 되는 기적을 맛본 적이 있느냐는 말이다. 지금까지의 인생 중에서 당신의 삶에 기적이 없었다면, 지금 이 **기적=Σ열망**을 실행할 수 있는 최고의 시간이다. 함께 시작해 보자.

필자는 지금 직장을 다니고 있다. 그래서 필자는 잠을 쪼개 가며 글을 쓰고 있다. 놀라지 마라, 이 책은 불과 한 달 만에 완성되었다. 필자는 책 쓰기를 간절히 열망했고, 결단했고, 준비했고, 시도했기에, 지금 이 기적을 일으키고 있는 것이다. 필자는 이 책을 탈고한 후, 세 번째 검토하는 중에 이 내용을 포함시키고 있는 중이다. 열망의 힘은 이 정도로 강한 의지와 노력을 동반하는 것이다. 필자가 느끼기에 이건 '헌신'이다. 물론, 오랜 기간 동안의 경험과 그 경험을 기록한 자료가 준비되는 데는 생각보다 오랜 시간이 걸렸지만, 그 모든 것들을 한데 꿰어 한 권의 책으로 집필하는 데는 한 달이면 충분했다는 의미다. 하루에 네 시간의 수면 시간도 확보하지 못하면서 책을 쓴다는 것은, 당연히 피곤하고 때론 지칠 때도 있었지만, 필자의 마음속에는 열망으로 가득했고, 샘솟는 기쁨이 있었으며, 전에는 느껴 보지 못한 행복이 가득했다. 필자의 삶에도 **기적=Σ열망**의 공식이 성립되고 있다는 것이다. 필자에게 기적이란 자신이 상상할 수 없던 일, 자신의 힘과 능력으로는 도저히 해낼 수 없던 일들을 성취해 내는 것이기 때문이다. 그리고 필자의 인생에서는 상상조차 할 수 없었던 기적이 일어났다. 필자가 책을 탈고해 낸 것이다. 이것이 필자에겐 **기적=Σ열망**의 공식을 통한 기적의 성취다.

단호하게 말할 수 있는 것은, 기적=Σ열망의 공식을 실행하는 당신으로 인해서 코로나19가 극복될 것이라는 것이다. 당신으로 인해서 지구가 회복될 것이다. 왜냐하면, 당신은 간절한 소망과 헌신으로 성공을 이루어 내는 사람일 테니까. 그리고 당신의 그런 모습을 본 제자들이 또한 그렇게 살아갈 테니까. 제자들의 그런 모습을 본, 또 다른 사람들이 또한 그렇게 살아갈 테니까. 그래서 결국은, 대한민국 각 분야의 모든 사람들이 그렇게 살아가게 될 테니까. 그리고 서로를 존중하게 될 테니까. 그래서 세계는 대한민국을 존경하게 될 테니까. 당신 한 사람으로 인해서 세계가 살아날 것이다. 이것이 최고의 원장이 되어야 하는 이유이며, 이것이 바로 학원을 통해 이루어 낼 수 있는 나비효과인 것이다.

2. 경쟁력 있는 학원 만들기

학원을 운영 중이라면 누구나 경쟁력 있는 학원을 만들고 싶어 한다. 학원 운영을 처음부터 시작해 큰 성공을 이루어 낸 원장들은 경쟁력 있는 학원을 만들기 위해서는 처음 등록한 한 명의 원생 확보가 가장 중요하다는 것을 알고 있었다. 모든 일에는 순서가 있기에 경쟁력 있는 학원도 한 명의 원생 확보에서부터 시작되기 때문이다. 경쟁력 있는 학원을 만들기 위한 순서는 1단계가 학원의 존재 전략으로서 먼저 손익분기점에 도달시키는 것을 목표로 해야 한다. 2단계는 유지 전략으로서 최대한 빠른 기간 내에 손익분기점을 벗어나 지속적인 이윤을 창출함으로써 경영의 안정 상태로 진입하는 것이다. 유지 전략이 중요한 이유는 학원의 발전과 성공을 위한 투자를 진행해서 미래를 도모할 수 있는 가장 전략적인 단계이기 때문이다. 3단계는 초격차 학원을 만들기 위한 전략으로서 주위 학원의 경계와 도발을 막아 내고 경쟁 학원의 전략을 무력화시키며 감히 넘볼 수 없는 압도적인 차이로 우위를 차지할 수 있도록 준비하는 단계다. 즉, 경쟁력 있는 학원을 만들기 위한 선결 조건은 먼저 손익분기점에 도달시키고, 적절한 수입이 확보되면 경영의 안정 상태로 진입시킨 후, 초격차 학원으로의 진입을 목표로 진행되어야 한다.

지금처럼 코로나19로 인한 불경기, 학령인구의 감소 등으로 인해 학원 운영이 침체되고 있는 상황에서의 위기를 극복하기 위해서는 이전과는 다른 전략으로 학원의 경쟁력을 향상시켜야 하겠지만, 성적 향상, 학원의 이미지에 맞는 인테리어, 수험생 관리 능력과 강의의 질을 최대로 높여야 한다는 기본 원칙 등은 동일하다.

1단계: 존재 전략

존재 전략 단계의 목표는 학원 경영을 손익분기점에 도달시켜서 운영의 안정권에 진입하는 것이다.

마케팅 전략

경쟁 학원에서 홍보하는 것보다 학원 이미지에 부합하는 전문성이 느껴지는지, 아이디어가 참신한지, 홍보 물량 면에서 부족함이 없는지를 확인해 보자. 만일 부족함이 느껴진다면 현재의 마케팅 전략이 과연 효율성이 있는가를 검토하면서 성공한 학원의 마케팅 노하우에서 배우고 적용해 보자. 경쟁 학원보다 마케팅 전략이 효과적으로 진행될 수 있도록 지속적으로 배우고, 새로운 전략들을 시도해 나간다면 결국에는 고객들이 당신의 학원을 알아보게 되고 당신의 학원은 초격차 학원을 향해 달려가게 될 것이다.

학원 수강료 책정 전략

학원 수강료 책정 전략을 이야기하기 전에 한번 짚어 보고 생각해 봐야 하는 문제들이 있다. 수험생의 입장에서는 수강료가 더 중요할까? 강의의 질이 더 중요할까? 강의의 질을 어느 정도 포기하면서 수강료를 낮추는 것이 과연 경쟁력이 있을까? 수험생을 모으기 위한 수단으로 혹은 경쟁 학원을 죽이기 위한 수단으로 과다 출혈을 감수하며 수강료를 대폭 낮춘 후에, 시장을 독점한 후 다시 종전의 수강료로 올려 받게 된다면 수험생들은 과연 그 학원을 지지해 줄까? 수강료의 변화에 따라 수험생이 학원을 선택하는 기준이 변화할까? 그렇다면 교육 사업의 수요의 가격탄력성은 어느 정도나 되는 것일까? 이러한 질문들에 대해 충분히 고민해 본 후에 수강료를 책정한다면 경쟁력 있는 학원을 만들기 위한 수강료 책정 부분에 대한 오차를 줄일 수 있을 것이다. 수강료 책정에 대해 경험을 통한 결론부터 이야기하자면, 교육 사업에서 수강료를 인하하는 것으로 경쟁하고자 하는 생각은 가장 하수이며, 적당한 수강료를 받음으로써, 강의와 수험생 관리와 학습 프로그램의 질을 높임으로써 경쟁의 우위를 점하고자 하는 것이 가장 이상적인 생각이라는 것이다. 즉, 장학금을 통해 사교육의 혜택이 절실하지만 경제 사정으로 인해 사교육의 혜택을 받기 어려운 학생들을 발굴해 내어 그들의 성장을 돕겠다는 의미가 아닌, 학원 경영에 대한 활성화를 위한 투자의 의미로 단기 손실을 감수하며 수강료를 적게 받겠다면서 어설프게 학원을 운영하거나 적자운영을 하는 것보다는, 정확하게 수강료를 책정해 제대로 받고, 수험생이 기대하는 것 이상의 서비스를 내놓기 위해 연구하며, 제대로 가르치고 관리함으로써 학부모와 수험생들의 선택을 받도록 노력하는 것이 가장 훌륭한 전략이라는 것이다. 물론 선택은 학원장의 몫이다. 하지만 주변의 학원들보다 턱없이 비싸게 받으려 하거나, 경쟁 우위를 점하기 위해 가격을 파괴하는 행위 모두 장기적인 안목으로 바라본다면 결코 유익한 결정으로 보기는 어려울 것같다. 수강료, 제대로 받고 제대로 가르치자.

학원 인테리어 전략

학원의 인테리어가 수험생의 성적 향상과 관련해서는 크게 비중이 높지 않을 수도 있지만, 학원을 선택해야 하는 수험생의 입장에서는 비중이 상당히 높을 수 있다. 새롭게 개원하거나 리모델링을 마친 학원을 보면 대체로 여기서 공부하고 싶다는 느낌이 들 정도로 깔끔하게 인테리어를 완성해 놓은 것을 볼 수 있다. 하지만 인테리어에서 가장 중요한 부분은 실제로 학생들이 사용하게 될 책상의 크기, 의자의 편안함, 한 학생당 행동반경의 넓이 등이다. 수험생의 체형에 알맞은 높이의 책상과 의자는 학습의 집중도 향상에 있어서 상당한 효과가 있다. 책상은 수험생의 체형에 맞는 높이에, 넓이는 가능한 최대한으로 넓은 책상이 좋다. 의자는 수험생의 체형뿐만이 아니라 이동이나 고정에 최적화되어 있는 반고정형 의자가 좋다. 좌석 배치에 있어서도 앉은키가 큰 학생의 경우에는 좌우 양쪽이나 뒤쪽에 좌석을 배치해서 앉은키가 작은 학생들을 배려할 수 있도록 하는 것이 학습의 효율성 면에 있어서 좋다. 조명 장치는 칠판의 판서 내용과 수험서를 보고 필기하기에 알맞을 정도의 조도를 유지해 주는 것이 좋다. 특히 수험 생활이 길어질 경우 조명이 어두우면 수험생의 마음도 우울해질 수 있기 때문에 최대한 밝고 환한 학원의 분위기를 연출해 주는 것도 좋은 방법이 될 수 있다. 햇빛이나 조명 장치로 인해서 칠판의 가시성에 문제가 생길 경우에는 커튼을 설치하고 조명의 위치를 변경하거나 빛 반사가 덜한 무광 혹은 반무광 칠판으로 바꾸는 것도 좋은 방법이다.

학원의 인테리어 전략에 있어서 보이는 것에 더해서, 보이지는 않지만 아주 중요한 요소가 세 가지 있는데 바로 실내 온도와 냄새와 잡음이다. 외관적으로 보여지지는 않지만, 학원의 깔끔한 인테리어만큼 중요한 것이 실내 온도. 수험생들은 아주 민감한 편이며 사람의 몸에서 직접적으로 느껴지는 것은 대부분이 온도이기 때문에 학원의 실내 온도를 아주 약간 서늘할 정도의 적정 온도로 유지해 주는 것은 수험생의 학습 집중도에 있어서 중요한 측면 중의 하나다. 냄새 또한 보이지 않는 것 중에서 아주 중요한 요소 중의 하나인데 강의실, 자습실, 화장실 등에서 자극적인 냄새로 인해 학습에 방해가 되지 않도록 환기를 시켜 주거나, 공기 탈취제를 사용하는 등의 관리를 함으로써, 학원에서 보이는 곳과 보이지 않는 모든 요소들 중에서 수험생들이 공부에만 집중할 수 있도록 상쾌함을 유지시켜 주는 것이 중요하다. 방음 시설 또한 강의에 집중하는 데 아주 중요한 요소 중의 하나다. 가능하다면 각 강의실마다 철저하게 방음 시설이 완비되어 있어야 다른 잡음으로 인한 방해를 받지 않고 수업에 집중할 수 있다. 방음 시설에 대한 중요성을 인지하지 못하고 학원을 개원했거나 인수받았다면 방음 전문 업체와 상담한 후 휴가 기간을 이용해 강의실과 자습실에 우선적으로 설비 공사를 하는 것이 수험생들의 학습 환경에 좋은 영향을 줄 수 있을 것이다. 학원의 인테리어를 변경해야 한다는 판단이 섰을 경우에는 경쟁 학원의 인테리어를 확인해 보며 학원의 컨셉 및 시대의 유행에 적합하게 구성하도록 하고, 교육청에 문의해 문제가 없는지, 소방법 중에서 어디까지 해당되는지를 확인해 신중하게 검토한 후에 견적을 받고 진행하는 것이 좋다.

학원장의 경영 전략

원장은 전문 경영자라고 볼 수 있다. 그렇기에 원장이 강의를 해야만 하는 상황이 아니라면 현장 강의보다는 원장의 업무에 집중하는 것이 학원 경영에 대한 전략을 세우고 실행하는 데 더욱 이상적이다. 강의는 전문 강사를 믿고 맡기는 것이 강사의 강의 경쟁력에 있어서도 좋은 방법이며, 원장은 학원 경영과 필요로 하는 상담에 집중하는 것이 학원을 빠르게 성장시킬 수 있는 방법이다. 학원장으로서 학원 경영의 진검 승부를 펼쳐야 하는 상황이라면 앞으로 적어도 3년에서 5년간은 삶을 버릴 각오를 하고 학원 경영에 몰입하는 것이 학원에서 승부할 수 있는 강한 원동력이 될 것이다. 학원을 경영하다 보면 선택의 기로에서 고민을 해야 하는 경우가 많다. 물론 이런 선택의 기로에 놓였을 때 신중하게 판단하고 결정해야 하지만 아무리 신중하더라도 아쉬움은 남게 마련이다. 학원 경영에 있어서만큼은 원장의 빠른 결정이 학원의 성장 속도에 많은 영향을 끼친다는 것을 기억하자. 학원의 수강료, 환

불 정책, 입학 성적 대비 성적 향상률, 각종 경시대회 참가를 위한 시험 대비, 남녀 학생 비율, 마케팅 및 시설 관련 문제 등 원장이 결정해야만 하는 사항은 한두 가지가 아니다. 모두 충분히 숙고하고 고민해야만 하지만 생각이 길어질수록 적절한 타이밍을 놓치게 될 수도 있기에 가능하다면 빠르게 결정하고 수정해 나가는 것이 좋다. 그렇기에 학원장의 경력은 학원 운영에 있어서 유리할 가능성이 많다. 1차적으로 검증되어 있다는 것 이외에도 학원에서의 긴박한 상황을 해결해 가며 새로운 정보를 입수하고 연구하며 노력해 온 학원장의 경력은 기간을 뛰어넘는 지혜를 발휘할 수 있게 해 준다. 이미 성공한 학원장들을 벤치마킹하며 경쟁 학원의 원장들보다 더 적극적인 자세로 학원 경영에 임하도록 하자. 학원 경영에 대한 새로운 아이디어와 성장하는 학원을 만들어 내는 능력은 얼마만큼 학원 경영에 적극적으로 임하는가에 달려 있다. 학원은 사람을 성장시키고 수험생들의 성적을 올려 원하는 목표를 이루도록 돕기 위해 존재하는 것이지만 학원장에게는 반드시 이윤을 남겨야만 한다는 사명이 존재한다. 이윤을 남겨야만 학원을 운영할 수 있으며 학원에 있는 모두를 지킬 수 있는 것이다. 간혹 학원을 운영하는 원장들 중에는 받은 수강료에 대한 연말정산용 자료를 발급해 주는 것에 대해 안일하게 생각하는 경우도 있는데, 학부모 입장에서는 학원에서 먼저 연말정산 관련 정보를 제공하는 것에 대해 감사하게 생각하는 경우가 많다. 받은 수강료에 대해서는 조금 귀찮은 일이 발생하더라도 현금 영수증이나 교육비 납입 영수증 등을 발급해 학부모가 연말정산 교육비 공제를 받을 수 있도록 돕는 것도 학원의 이미지를 향상시키며 성장시킬 수 있는 좋은 방법이 될 수 있다.

강사 관리 전략

강사 채용은 신중하게 결정하되 채용하기로 했다면 최고의 강사가 될 수 있도록 모든 지원을 아끼지 않는 것이 결국에는 학원의 가치로 되돌아온다는 것을 기억해야 한다. 그렇기에 강사 채용 시에는 경찰서에서 범죄 사실 증명서를 발급받아 확인하는 과정과 함께 전 근무지의 평판 조회를 2인 이상을 통해 확인하는 과정을 거친 후에 심층 면접과 시범 강의 등의 다음 단계를 진행하는 것이 좋다. 한 사람의 평가만으로 그 사람의 평판에 대한 평가를 내리기에는 강사에게도 학원에게도 서로에게 너무나도 중요한 기회를 허무하게 놓칠 수도 있기 때문이다. 시범 강의만으로는 판단이 어렵다는 생각이 들 경우에는, 강사 채용 시에, 학생들의 실제 수업 시간에 투입해 강사가 수업을 마친 후에 학생들에게 설문 조사를 받아 반응을 들은 뒤에 최종적으로 채용을 결정하는 것도, 직접적인 현장의 반응에 귀를 기울일 수 있다는 면에서 고려해 볼 수 있는 방법이다. 과목별로 질문만 해결해 주는 선생님이 필요할 경우에는, 고등학교 교사로서 정년퇴직하신 선생님들에게 질문 당직의 인턴 기회를 부여하는 것도 좋은 방법이 될 수 있다. 강사에게 있어서 강의력은 무엇보다도 중요한 재능이기에 강사는 무엇보다도 가르치는 재능이 뛰어나야만 한다. 그렇기에 경력으로 이미 검증된 강사를 영입하는 것도 좋은 방법이 될 수 있지만, 경력이 없더라도 강사로서의 자질이 뛰어난 인재를 공개 채용 형식으로 초빙해 학원 자체적으로 강의력과 강사로서의 사명감 등을 교육하고, 가르치는 일에 대한 열정과 수험생들에 대한 책임감을 불러일으켜 학원과 함께 성장하는 것 또한 학원의 경쟁력에는 크게 도움이 될 수 있다. 강사 관리 전략에서 무엇보다도 중요한 것은 강사에게 필요한 것이 무엇인지 강사가 최상의 강의를 펼쳐 내기 위해서 도울 수 있는 것은 무엇인지를 확인하고 지원하는 것이다. 강사의 필요를 미리 확인하고 도울 수 있는 원장과 함께 근무하는 강사는 자신의 능력의 최대치를 발휘해 내며 성장할 수 있을 것이다. 중요한 것은 이러한 경영의 목적이 강사 혹은 학원 편의를 위한 것이 아니라 수험생에게 실제적인 도움이 되기 위한 노력의 과정이어야 한다는 것이다. 수험생들의 선택의 기준은 언제나 학원이나 강사가 자신에게 무엇을 도와줄 수 있을까에 있기 때문이다. 언젠가 필자와 인연이 있는 원장들 중의 한 분이 강사들의 이적 문제에 대한 이야기를 하며 강사가 돈 몇 푼 더 준다고 학원과 자신을 배신했다는 말을 들었을 때 필자는 실망감을 감출 수 없었다. 강사는 자선 사업가이거나 원장의 가족이 아니다. 반드시 필요로 하는 강사가 돈 때문에 학원을 옮기겠다면 돈보다 더 매력적인 대안을 제시하든가, 계약 조건을 조정해서라도 잡아야 하는 것이 아닐까? 경영 능력이 탁월한 원장일수록 강사들에게 조금이라도 더 많은 혜택과 급여를 지급하려고 노력하고 있다는 것을 잊지 말자. 강사의 급여를 제대로 주면서 학원을 제대로 성장시키기 위해서는 함께 일할 강사를 선택할 때부터, 강사에게 가르치는 재능이 있는가를 최우선적으로 확인해야만 한다. 보통 강사들을 보면 강의를 할 때 정말 행복해 보이기도 하며, 강의를 마친 후에는 열정적으로 강의를 했던 여운이 아직 남아서인지 표정이 대단히 밝은 에너지로 가득 차 있음을 볼 수 있다. 하지만, 이런 엄청난 강의력을 가질 수 있었던 데에는 상상 이상의 노력이 숨어 있었다는 것을 기억해야만 한다. 보통 한 시간가량의 강의를 하기 위해서는 대략 다섯 배 정도의 준비 시간이 필요하다. 게다가 대부분의 강사들이 자신의 강의를 듣는 것만으로도 학생의 성적을 올려 주겠다는 결심으로 강의를 준비하기에, 자신의 직강 교재 외에도, 교과서, 참고서, EBS 교재, 관련 전공 서적, 관련 문제집 등을 빠짐없이 확인하며 연구하는 과정을 거치며, 주입식 교육이 아닌, 수험생 스스로 생각해 볼 수 있도록 유도하기 위한 강의를 하기 위해 준비를 하기에, 어쩌면 실제 강의 시간의 다섯 배 이상의 노력이 필요할 수도 있다는 것이다. 게다가 강사들의 세계에서는 경쟁이 아주 치열하기에 아래에서는 치고 올라오고, 위에서는 자신의 자리를 지키기 위한 노력으로 엄청난 노력의 경쟁이 벌어지는 곳이기도 하다. 그렇기에 기본적인 성실함이 뒷받침되어 주지 않는다면 강사 세계에서는 살아남기가 쉽지 않다. 그리고 여기서 성실하다는 것은 수험생들의 성실한 동반자가 되어 주어야 한다는 이야기인데, 그러기 위해서는 자기 자신의 본능을 절제할 수 있는 절제력과 자신의 커리어를 관리할 수 있는 관리력과, 힘든 싸움을 벌이는 수험생의 동반자가 되기 위해 자신도 강의와 힘든 싸움을 벌여야 하는 것에 더해, 수험생이 지치지 않도록 재치와 센스까지 있어야 한다는 것이다. 게다가 수험생이 수업을 빠지면 안 되듯이, 강사도 강의를 휴강할 수가 없는 것이다. 그렇기에 때론 친구를 만날 시간조차 없을 때도 있기에 사람들에게 둘러싸여 있어도, 마음속 깊은 곳에서는 고독하기까지 하다. 어떠한가? 강사를 조금은 이해할 수 있겠는가? 학원에는 없어서는 안 되는 필수 요소들 중에서 가장 중요한 인물이 바로 강사다. 그렇기에, 강사를 키워낼 수만 있다면, 학원의 가치는 그만큼 더욱 상승할 것이고, 강사를 제대로 대접하는 학원이 된다면, 강사는 학원을 떠나지 않을 것이며, 강사가 기대했던 것보다 더욱 강사를 이해하고 지원한다면, 설사 강사가 자신이 유명해져서 더 좋은 조건을 찾아 학원을 떠난다 하더라도, 당신의 학원은 이미 초격차 학원이 되어, 떠난 강사보다 몇 배는 더 훌륭한 강사가 함께 일하고 싶다고 찾아오는 학원이 되어 있을 것이다. 강사에게 중요한 것은 무엇보다 사람을 사람답게 대하며 함께 성장할 수 있는 '인성'이기 때문이다. 여기에 더해 강의력과 헌신하는 자세까지 갖춘 강사들이 함께 일하고 싶은 1순위 학원이 바로 당신의 학원이 되기를 기원한다.

직원 관리 전략

직원의 능력을 파악해 적재적소에 업무 배치를 하고 직원 간의 가장 효율적인 업무 분장에 대해 고민해서 적용하려는 노력이 필요하다. 직원의 강점 찾기와 업무 분장에 성공한다면 학원의 성장은 자연스럽게 따라오게 되어 있기 때문이다. 직원들이 자신의 강점을 활용해 더욱 열정적으로 근무할 수 있는 환경을 만들기 위한 노력 이상으로 미래의 비전을 제시할 수 있는 능력도 필요하다. 정확하고 공정한 업무 평가에 따라서 성과를 이루어 낸 직원에 대한 승진과 연봉 인상에 대한 믿음을 주고 열정을 다해 쟁취할 수 있는 환경을 열어 주는 것도 중요하지만, 그것보다 더욱 중요한 것은 약속한 것에 대한 실행이다. 말뿐인 동기부여는 학원에 대한 신뢰를 깨뜨릴 뿐만 아니라 직원의 열정까지도 무너뜨리기에 기준에 부합한 직원에 대한 처우는 반드시 실행되어야 한다. 직원에게 업무를 맡겼을 경우에는 가능한 간섭을 자제하고 스스로 성장하며 배울 기회를 제공하는 것이 좋다. 시행착오를 겪더라도 크게 실수하는 경우가 아니라면 업무 진행 상황을 확인하며 더 나은 방향으로 발전할 수 있도록 조언을 함으로써 직원 스스로 업무에 대한 성취감과 만족감을 느낄 수 있게 해 준다면 직원의 성장은 빠르게 진행될 것이며, 그만큼 학원에 기여하는 정도도 커질 것이기 때문이다. 학생 또는 학부모 상담 관련해서는, 상담 관련 직원들이 고객과의 상담 시간에 제한을 받지 않고, 고객이 제기하는 문제가 해결될 때까지 친절하게 상담하도록 하는 것이 장기적인 안목에서 학원의 이미지에 유리한 측면이 있을 것이다. 만일, 고객이 제기한 문제가 상담직원의 책임 범위를 벗어난 경우에는 학생과의 관계 및 학생 이름과 반, 전화번호, 날짜, 시간, 내용 등을 기재한 후, 상담 일지에 기록 및 상부에 보고해 처리될 수 있도록 조치하는 것이 좋다. 새로운 학생이 학원에 입학할 경우에는, 진정한 학업에 대한 결심(절박함)을 확인한 후에, 공부에 대한 사명 선언서를 작성하는 것도 좋은 방법이다. 사명 선언서에는, '왜 공부해야 하는가? 왜 우리 학원을 다녀야 하는가?'에 대한 질문에 답변을 작성하도록 하는 것도 동기부여 차원에서 좋은 방법이 될 수 있다. 직원들이 공통된 규정과 내용으로 상담 업무를 진행하도록 돕기 위해, 신규 입학생을 대상을 하는 OT 자료를 만들 필요성도 있는데, ① 학원의 교육 목표와 특징을 설명, ② 수업 방식을 설명, ③ 교재 및 커리큘럼을 설명, ④ 학원 규정 설명, ⑤ 합격자 배출 현황 설명, ⑥ 장학금 제도 설명, ⑦ 등록금 납부일 등을 재확인해 인식시키는 등의 내용을 포함시키는 것이 좋다. 학원의 성장을 위해서라도 임직원 간의 소통과 작은 약속이라도 지키기 위한 철저한 노력, 학원이 돈만 밝힌다는 비판적인 생각이 들지 않도록, 학생들을 지도하고 가르치는 것을 중요하게 생각하고 있다는 신념을 행동으로 보여 줘야만 하는 필요성도 있으며, 임직원에게 최고의 대우를 해 주며 임직원 개개인의 커리어를 발전시켜 주고 싶어 하는 진심을 끊임없이 보여 주며 시도할 필요성도 있다. 내부 고객의 만족과 외부 고객의 만족은 서로 그 성질이 크게 다르지 않기 때문이다. 임직원 모두가 아이들에게 직접 다가가는 진정성으로, 원장과 강사들과 임직원들의 마음이 일치가 되어 운영하는 것이 학원의 성장에 있어서는 대단히 중요한 측면이며, 학원 커리큘럼이 동종 업계의 다른 학원들에 비해 뒤떨어지지는 않은지, 학원 시설은 잘 되어 있는지 등의 내실에 많은 주의를 기울여야만 한다. 학생을 모집하기 위한 생각만으로, 광고나 입시 설명회 등으로 학생들에게 큰 기대만을 준 채 인원을 모집하게 된다면 인원이 모이는 만큼 고객의 만족도는 떨어질 수밖에 없으며, 이러한 결과는 학원의 경력과 학원의 전체적인 브랜드에 큰 타격일 수밖에 없기 때문이다. 현재의 무한 경쟁 상황 속에서 수동적인 마인드로만 대응하게 된다면, 이미 앞서가고 있는 초격차 학원을 따라잡기가 힘들어질 수도 있다. 초격차 학원으로의 성장은 원장과 강사와 임직원이 함께 의견을 제시하며 의논하고, 더 좋은 결과를 내기 위한 전략을 구상해 실행할 때에만 이루어질 수 있을 것이라는 점을 기억하자.

2단계: 유지 전략

2단계는 유지 전략으로서 최대한 빠른 기간 내에 손익분기점을 벗어나 지속적인 이윤을 창출함으로써 경영의 안정 상태로 진입하는 것이다. 유지 전략이 중요한 이유는 학원의 발전과 성공을 위한 투자를 진행해 미래를 도모할 수 있는 가장 전략적인 단계이기 때문이다.

학원 브랜드 전략

학원의 브랜드에는 상호 이상의 가치가 들어 있다. 브랜드는 이전까지 쌓인 학원의 성과에 대한 결과의 집합체라고도 볼 수 있다. 그 이유는, 수험생들의 합격률이나 성적 향상률 및 강사의 강의력이나 관리 능력 등에 대해 고객들은 브랜드 평판을 보고 기대하고 믿음을 주기 때문일 것이다. 브랜드는 사실상 학원의 모든 것을 대변해 준다고 해도 부족함이 없을 것이다. 브랜드가 학원의 운영상 성적 향상률이나 시험 합격에 대한 직접적인 연관이 없다고 하더라도 불구하고 최상위권의 결과로 입증해 낸 학원의 브랜드와 보통의 브랜드 사이에서 고객의 선택은 분명할 것이다. 대형 학원의 고급화 전략이 시대의 흐름이라고 하더라도 성급하게 학원을 확장하기보다는 해당 분야에서 실속 있는 내실을 기하며 기본에 충실한 운영을 하는 것이 학원의 브랜드 구축과 학원의 성장에 도움이 될 수 있다는 것을 기억해야만 한다. 업계 1위와 경쟁해 승리할 자신이 있는 경우 혹은 투자금에 대한 회수가 1년 안에 가능하다는 확신이 서는 경우가 아니라면 아직은 브랜드 구축을 위해 준비해야 하는 시기인 것이다. 경쟁에 뛰어들 만큼의 충분한 경쟁력을 갖추지 못한 상태에서 확장하다가 1년을 버티지 못하고 결국 폐업하고야 마는 학원을 마주하는 느낌은 정말 안타까움 그 자체다. 학원의 현재 상황을, 마치 다른 학원을 컨설팅하고 있는 것처럼 냉정하게 바라보며 운영 전략을 세우자.

수준별 수업 전략

학원을 경영하시다가 얼마 전 치킨집을 개업하신 사장님과 만날 기회가 있었다. 필자는 그분께 학원을 경영하시다가 그만두게 되신 결정적인 이유가 무엇인지를 여쭈어보았다. 가장 큰 스트레스는 실컷 노력해서 성적을 올려놓으면 학생들이 떠나가 버려 좌절감과 배신감이 심했다는 것이다. 필자는 그분의 이야기를 들으며 어떻게 하면 학원에서 성적이 오르더라도 지속적으로 학원을 믿고 따라오게 만들 수 있을까를 고민해 보았다. 그리고 결론은 학원의 전체적인 분위기였다. 중위권 학생들이 모여 있는 학원의 분위기 속에서 공부를 하다가 최상위권이 되어 버린 학생의 경우, 이전까지는 적당하고 재미있게 공부하는 분위기가 좋았을지도 모르지만, 최상위권이 되어 버린 상황에서는 그에 맞는 분위기의 학원이 필요했을 것이기 때문이다. 그렇기에 철저한 수준별 학습을 통해 학원의 분위기 구간을 나누는 것이 필요하겠다는 생각이다. 이러한 수준별 수업은 모든 수험생에게 경쟁심을 불러일으키며 동기부여가 되는 효과를 발휘한다. 수준별 수업이라는 것은 학년과 연령을 떠나 수험생이 가지고 있는 지금 현재의 수준에 맞는 강의를 수강한다는 것을 의미한다. 그렇기에 수준별 수업을 진행할 경우에는 수험생 간의 수준 차이를 가능한 최소화하는 것이 강의 이해력이나 성적 향상률 등에 도움이 된다. 고등학교 3학년이라고 하더라도 1학년 과정을 모른다면 1학년 과정의 수업 반에서 강의를 수강해야 함을 뜻하기에 학원의 취지와 성적 향상률에 대한 충분한 이해와 확신을 가지고 상담에 임해야 하며, 모의 평가 등의 결과를 통해 수준별 반 이동이 가능하도록 진행하는 것이 좋다.

건의 사항 게시판 운영 전략

수험생 혹은 학부모들의 건의 사항(불편 사항)에 대한 게시판을 운영하고 관리하면서 그 내용을 전 직원과 함께 공유하며 개선점을 찾아 적용하는 것도 좋은 경영 방법 중의 하나가 될 수 있다. 이렇게 정리를 하고 공유를 하게 되면 최초의 컴플레인 이후 비슷한 상황이 발생할 시에 참고해서 대응할 수 있으며, 고객의 작은 불만이라도 신속하고 정확하게 처리하기 위한 노력이 학원의 이미지와 실질적인 발전에 도움이 될 수 있기 때문이다.

3단계: 초격차 학원 만들기 전략

3단계는 초격차 학원 만들기 전략으로서 주위 학원의 경계와 도발을 막아 내고 경쟁 학원의 전략을 무력화시키며 감히 넘볼 수 없는 압도적인 차이로 우위를 차지할 수 있도록 준비하는 단계다.

임직원의 고객 서비스 만족도 제고

임직원의 학부모와 학생들을 직접 대해야만 하는 감정 노동에 따른 스트레스를 줄이고 업무 만족도를 높일 수 있도록 학원이 임직원을 소중하게 생각한다는 내용의 푯말 등을 고객이 볼 수 있는 곳에 제작해서 비치하는 것도 좋은 방법이며, 감정 노동에 따른 스트레스를 상담할 수 있도록 일정한 기간을 두고, 정기적으로 학원과 협약이 되어 있는 심리 상담소에서 상담을 받을 수 있도록 지원하는 것도 좋은 방법이 될 수 있다. 고객의 임직원에 대한 만족도를 설문 조사하는 방식으로, 고객 만족도, 전화 친절도, 수험생에 대한 관심과 애정, 청렴도 등에 대한 평가를 실시해 미흡한 부분에 대한 개선 방안을 마련하는 것도 중요하며, 설문 조사와 관련되어서 고객의 만족도가 향상되었거나 우수한 부서와 직원을 선정해 포상 휴가 혹은 인센티브 등의 실제적인 피드백을 해 주는 방법도 서비스 만족도를 제고할 수 있는 좋은 방법이 될 수 있다.

개선하기

아무리 후회 없이 학원을 경영했다고 하더라도 조금 더 나은 방향으로, 조금 더 좋은 서비스를 제공하기 위해 개선해야 할 점을 찾아 개선할 수 있다면 초격차 학원을 만들기 위한 아이디어를 얻을 수 있을 것이다.

기회를 만들어 내는 안목

필자가 근무했던 K 학원의 성장 스토리는 참으로 우연한 기회에 찾아왔다. 과거 입시 제도가 변화하면서 당시 많은 과학고와 외고의 학생들이 내신을 우려해 학교를 자퇴하고 그 당시 가장 강력했던 J 학원을 찾아가 등록 의사를 밝혔다. 그러나 J 학원에서는 졸업생이거나 학생 신분이 아니라는 이유로 특수 목적 고등학교를 자퇴한 학생들의 입학을 허락하지 않았고, 학생들은 우연한 기회에 K 학원의 문을 두드리며 입학 요청을 했다. K 학원에서는 이들을 받아들여 교육했고, 그 학생들은 그해 전대미문의 입시 결과를 내 주었다. 그렇게 K 학원의 신화가 시작되었던 것이다. 현재에도 이와 비슷한 일들이 종종 일어나곤 한다. 학교를 자퇴한 우수한 학생들이 재수 학원을 찾아오는 것이다. 그러한 학생들은 재수생들과 함께 호흡하며 강의 진도를 따라가고, 독학으로 검정고시를 준비해 1년 만에 수능을 모두 치르고 원하는 대학에 합격한다. 필자의 제자들 중에도 이러한 상황에서 의대, 치대, SKY 합격이라는 입시 결과를 내어 준 학생들이 있다. 어떤 우연한 기회를 만나야 학원을 성장시킬 수 있을지는 그 누구도 알 수 없지만 학원을 경영하다 보면 학원 성장의 기회는 반드시 찾아온다. 아니, 만들어 낼 수 있을 것이다. 기회를 보는 안목을 키우고 학원 경영 능력을 발전시켜 나간다면 반드시 당신의 학원은 성장할 것이다.

2%의 영감

이 책 『교육 한류가 다가온다』의 「제2장 마케팅으로 시작해서 결과로 입증하라」의 '2. 학원의 홍보 아이디어와 2%의 영감' 부분에 있는 내용과 같이, 자신만의 경험과 지혜에서 흘러나오는 2%의 영감을 발전시켜서 학원에 적용한다면, 당신은 초격차 학원을 만들어 낸 원장들의 대열에 합류할 수 있을 것이다. 2%의 영감 부분에 대한 내용이 기재되어 있는 책의 앞부분을 참고해 자신만의 2%의 영감을 학원에 적용시키며 조금 더 발전적인 경영을 위한 새로운 노력을 시도해 보자.

3. 학원 현황을 파악할 수 있는 설문 조사

1. 우리 학원에 등록하게 된 경로는?

　① 광고를 보고　　② 소개를 받고　　③ 상담을 받고

2. 우리 학원에 등록을 권유한 사람은?

　① 본인　　② 부모님　　③ 친구

3. 우리 학원에 얼마나 만족하십니까?

　① 매우 만족　　② 보통　　③ 불만족

4. 우리 학원의 좋은 점은?

　① 강의력 좋은 강사 선생님

　② 철저한 관리 선생님

　③ 학원 시설

5. 우리 학원의 나쁜 점은?

  ① 강사진의 강의력이 안 좋다

  ② 관리가 잘 안된다

  ③ 학습 분위기가 안 좋다

6. 학원을 다닌 지 (　) 개월 되었으며 성적은?

  ① 많이 올랐다　　② 조금 올랐다　　③ 떨어졌다

7. (과목)강의 내용을 어느 정도 이해하고 있습니까?

  ① 20~40%　　② 41~60%　　③ 61~80%　　④ 81~100%

8. 강의 내용이 이해되지 않는 이유는?

  ① 강의력 부족

  ② 강의 시간이 소란스럽다

  ③ 본인의 개념 학습 부족

9. 강의 수강 시 불편한 점은?

  ① 강의 시간표 불편

  ② 강의 진행이 너무 빠름

  ③ 특강이 너무 많음

10. 선생님의 수업 방식에서 가장 만족스러운 점은?

11. 선생님의 수업 방식에서 가장 불만족스러운 점은?

12. 우리 학원에 등록 예정인 친구가 있습니까?

① 3명 이상 있다   ② 1명 이상 있다   ③ 없다

13. 학원을 퇴원할 계획이 있습니까?

① 현재는 퇴원 계획이 없다

② 생각 중이다

③ 퇴원할 예정이다

14. 퇴원하려는 이유가 무엇인가요?

15. 학원에서 선생님에게 차별받은 적이 있다면 선생님 성함과 내용을 적
어 주세요.

16. 학원에서 자신을 괴롭히는 친구가 있다면 친구 이름과 내용을 적어 주
세요.

17. 우리 학원의 장점은 무엇인가요?

18. 우리 학원의 단점은 무엇인가요?

19. 학원 시설을 이용하면서 개선했으면 하는 점을 적어 주세요.

20. 학원에 건의하고 싶은 사항을 적어 주세요.

제5장

꿈을 이루어 가는 제자들의
성장 스토리

제5장
꿈을 이루어 가는 제자들의 성장 스토리

★ ★ ★

  나의 사랑하는 제자의 아버지께서 제자에게 하신 말씀이 너무 가슴에 와닿아 소개한다.

    "'운'을 거꾸로 하면 '공'이 된다."

  나는 참 운이 좋은 사람이다. 좋은 학원과 좋은 제자들을 만나 좋은 결과가 나왔으니 언제나 감사하고 행복하며 기대가 된다. 하지만 나의 이 좋은 운도 나의 부족함을 불평만 했다면 결코 다가오지 않았을 것이다. 부족하더라도, 두렵더라도, 절대로 할 수 없을 것 같더라도, 내가 있는 자리에서 내가 할 수 있는 작은 부분의 일들을 최선을 다해 해냈을 때 살며시 나에게 다가와서는 행복을 안겨 주었다. 진심으로 공을 들이면 운이 따라온다는 진리에 다시 한번 놀라게 되곤 한다.

처음 수험생들을 만났을 때의 느낌이 새롭게 다가온다. 제자들은 수능과 대학 입시라는 경쟁에서 한번 탈락한 경험이 있기에 마음에 조그마한 상처들을 지니고 있었다. 그 상처들을 마주하게 된 나는 현재의 제자들을 향한 안쓰러움과, 앞으로 학원을 통해 도약하며 성장해 꿈을 이루어 갈 미래의 제자들을 향한 기대가 섞여 있었다. 그래서 더 크게 웃었고, 그래서 더 제자들에게 웃음을 주기 위해 노력했다.

"너의 아픈 경험이 소중한 결실을 맺어 내는 씨앗이 되게 해 줄게, 함께 웃자!"

"우리 반드시 성공할 거야, 그렇지? 함께 웃자!"

"힘들면 울어도 되지만 내년엔 반드시 함께 웃자!"

한없이 제자들을 응원하는 마음으로 제자들 앞에선 웃으며 달려왔지만, 나의 한계에 부딪힐 때마다 홀로 방 안에서 흐느끼며 나의 작음에 가슴이 무너져 내릴 때도 많았다.

"뭐든지 해 주는 스승이고 싶었는데, 미안하다, 미안하다."

속으로 미안한 마음을 수백 번 되뇌며 다짐했다.

'앞으로는 절대로 미안하지 말자, 절대로….'

링거 투혼이라고들 하던가? 한 달에 한두 번씩은 꼭 링거를 맞으며 버티고 또 버텨 냈다. 나는 대충 하고 싶지 않았다. 그리고 수능이 끝난 후에 제자들에게 미안하고 싶지도 않았다. 내 작은 손과 발은 언제나 제자들의 성공을 위해 있었다는 것에 부끄러움이 없고 싶었다. 그렇게 나는 달려왔다.

사랑하는 제자들은 잘 견뎌 주었고, 잘 성장해 주었다. 그리고 이제 자신들만의 꿈을 이루어 가는 주인공으로 내 책의 한 부분을 장식하고 있다.

가톨릭대학교 의예과 20학번 이준영

○○기숙학원의 가장 큰 장점은 '외부와의 단절'이라는 점입니다. 저는 수능을 포함해 모든 공부에 있어 바깥 사회는 별로 도움이 되지 않는다고 생각합니다. 유일한 순기능인 정보를 얻는 것도 학원의 선생님이나 인터넷 강의 사이트로 해결할 수 있으니 사실 사회는 필요가 없는 존재입니다. 기숙학원의 특성상 외부와의 교류가 거의 없고, 학습 외의 용도로 태블릿 사용 금지, 개인 전자 기기 휴대 금지 등의 규칙이 학원생들이 공부하는 데 있어 최고의 환경을 만들어 주었습니다. 앞서 말한 장점이 가장 큰 장점이지만, 이는 기숙학원의 장점이지 ○○기숙학원만의 장점은 아닙니다. ○○기숙학원이 타 기숙학원과의 차별점을 둘 수 있는 것에는 훌륭한 강사진, 담임 선생님, 학원의 커리큘럼에 있다고 생각합니다. ○○기숙학원 홈페이지나 책자 등을 보면 알 수 있으시겠지만 강사진들의 수준이 일반적인 기숙학원에서는 나올 수 없는 수준입

니다. 인강 사이트에서 강의를 할 정도로 실력이 입증되고 유명한 강사들도 매우 많습니다. 또한 모든 담임 선생님을 경험해 보진 못했지만, 1년 가까이 같이 생활하면서 느낀 바로는 선생님들 모두 열정이 넘치셨고, 항상 학생들만을 생각하며 조금이라도 더 좋은 대학교를 보내기 위해 노력하시는 점이 보였습니다. 학원 측의 섬세함은 커리큘럼, 식사, 시설에서 잘 나타났습니다. 점점 실력이 쌓일수록, 강의 수를 줄이고 자습을 늘려야한다고 생각합니다. ○○기숙학원은 학생들에게 필요한 최소한의 수업 외에는 학생 스스로 결정할 수 있도록 하고, 많은 자습 시간을 확보해 주었습니다. 또한 원장 선생님께서 매주 직접 학생들의 건의 사항을 받아 답변해 주시고, 적절한 사항은 바로 들어주시는 점이 좋았습니다.

저의 담임 선생님이신 정대회 선생님은 학생보다 열정적인 선생님이셨습니다. 학생들을 위해서 무모해 보이는 일조차도 해내셨습니다. 선생님은 일부 상담에 있어 스스로의 부족함을 말씀하셨습니다. 그리고 이의 해결책으로 직접 원장 선생님께 단호하게 말씀드려, 한 교육 평가 연구소 입시 상담 전문 선생님과 접촉해 그분께 상담받을 수 있도록 조치해 주셨습니다. 언뜻 보면 담임 선생님의 부족함을 얘기하는 글일 수도 있지만 제가 말하고자 하는 바는 그것이 아닙니다. 누구나 부족한 점은 있지만 그것을 많은 사람들 앞에서 인정하고 해결책을 내는 것은 쉬운 일이 아닙니다.

게다가 그 사람들이 자신이 이끌어야 할 학생들이라면 더욱 그럴 것입니다. 그러나 정대회 선생님은 자신의 평판, 직위보다도 학생들의 학습, 진학을 더 소중하게 생각하셨기 때문에 이런 어려운 일을 해내셨습니다. 정대회 선생님은 앞에서 우리를 끌기보다는 옆에서 같이 달려가는 선생님이셨습니다. 학생들을 위해 같이 공부하시고, 종례나 우연히 만나는 상황에서 웃고 힘낼 수 있는 말들을 많이 해 주셨습니다. 사소한 것이라고 생각될 수도 있지만 수험생의 입장에서 나를 이끌어 주시는 선생님께서 해 주시는 따뜻한 말 한마디는 꽤 큰 힘이 되었습니다. 이런 선생님과 같이 수험 생활을 할 수 있었던 것을 큰 행운이라고 생각합니다.

학생의 성격, 현재 수준에 따라 같은 공부법이라도 천차만별의 효과를 낼 수 있다고 생각하기 때문에 공부법보다는 마인드에 대해 말씀드리겠습니다. 공부법은 스스로 다양한 방법을 경험해 보며 자신에게 맞는 것을 결정하는 게 좋다고 생각합니다. 저의 수험 생활을 살펴보면, 큰 슬럼프는 없었지만 문득 찾아오는 잡념들이 공부를 방해했습니다. '잘하고 있는 건 맞는지.', '수능 날도 이렇게 실수하면 어떡하지.', '친구들은 놀고 있을 텐데.' 등등 오만 가지 생각이 들었습니다. 저는 이런 생각이 들면 일단 과목을 바꾸어 다른 공부를 했습니다. 공부에 약간의 변화를 주어 생각에도 변화를 주려고 했던 것입니다. 이렇게 해도 제대로 집중이 되지 않을 때에는 책을 덮었습니다. 그리고는 공부를 잠시 멈추고, 공부하는 친구들을 바라보거나 종소리가 멈춰 줄 때까지 그 생각에 잠기곤 했습니다. 친구들을 보고 있는 것이 지루해질 때쯤, '아 나는 공부 안 하고 뭐하는 건가.' 하는 생각이 들어 다시 마음을 잡고 공부할 수 있었습니다. 누구나 집중이 안 되는 때는 찾아오기 마련입니다. 이런 상황에서 자신만의 해결책을 만들고, 긍정적으로 수험 생활에 임하는 것이 수능 성공의 열쇠라고 생각합니다.

가톨릭관동대학교 의예과 20학번 원종혁

2019 수능을 보기 좋게 망쳤다. 고등학교 시절을 한번 돌아봤다. 나는 지방에 있는 평준화 고등학교를 졸업했다. 공부를 조금만 해도, 수업 시간에 졸아도, 애들이랑 놀러 다녀도 학교성적이 잘 나왔다. 공부에 미쳐 있다고 생각되는 학생들은 적었지만, 분명 주변에 있긴 했다. 그들을 '공부충'이라고 놀리고 무시했다. 다른 친구들은 그들보다 공부를 안 하고도 성적이 곧잘 나오는 나에게 더 칭찬을 했다. 시험 전날 수업 시간, 자습 시간 내내 자고 다음 날 시험에서 1등을 하는 것에 희열을 느꼈고, 허세에 가득 찬 한심한 학생의 삶을 살았다. 공부만 하는 '찐따'가 안 되려고 했고, 그런 내 모습에 우쭐했다. 내 고3 기간은 너무 행복했고 재밌었다. 만족했다. 그렇게 수능까지 쳤다. 사실 수능을 치고 수학 과목 같은 경우는 킬러 문제들만 가채점 표를 작성했고, 내 계산으로는 1등급이라고 생각됐다. 수능을 치고도 의대에 붙은 것 같

았고, 고등학교에는 내가 의대에 붙을 거라는 소문까지 퍼졌다. 수능 성적표를 받았다. 수학 3등급. 그때의 충격을 아직도 잊을 수 없다. 몸이 확 굳었고, 눈물도 안 났고, 그때의 감정은 아직도 생생하다. 뭘 틀렸는지도 모르겠고, 확실한 것은 난 의대에 갈 수 없게 되었다는 것이었다. 재수가 확정됐다. 미리 알고 한 것은 아닌데 지금 와서 돌이켜 보면 재수에서 학원 그룹의 회장님이 오셔서 한 말이 내 재수 성공의 이유다. 바로 "재수는 다시 하는 게 아니다."라는 것. 그냥 대충 한 번 더 하는 것이 아니라는 것이다. 재수는 사람이 바뀌어야 성공한다는 게 맞는 말이다. 나의 고3 수험 생활은 전혀 겸손하지 못했고, 생활 습관은 엉망이었다. 학교에서 필요 없는 수업이라 생각되는 수업은 거르고 자 버리는 엉터리 수험생이었다. 그래서 나의 재수에는 기숙학원이 너무나도 절실했고 내 재수 성공의 신의 한 수가 아니었나, 라는 생각이 들었다. 기숙학원은 재수공부에 있어서 너무나도 효율적인 시스템을 갖추었다. 특히 나같이 기본적인 생활 습관이 안 되어 있고 속세의 유혹들에 잘 현혹되는 수험생들에게는 정말 최적이다. 스마트폰, 유튜브, SNS, 전화, 문자와 단절되어 한 달 동안 오로지 '해야만 하는 것'에 집중하는 것은 처음에는 고통스러웠지만, 적응이 된 이후부터는 내적 성취감으로 점철된 기간이었다고 감히 말할 수 있다. 공부를 통해 성장하는 나를 보며 기쁨을 얻었고, 중간 중간 모의고사 성적에 좌절하기도 했지만 끊임없이 피드백을 했다. 재수를 하면 바보가 아닌 이상 실력은 무조건 오른다. 그런데 시험 성적은 잘 오르지 않는 경우가 있다. 내 생각에는, 시험은 패턴이기 때문이다. 모든 시험에는 패턴이 존재한다. 내신은 학교 선생님들만의 패턴이 학교별, 선생님별로 다르듯이, 수능도 평가원만의 패턴과 흐름을 파악해야 한다. 그게 수능 공부의 본질이고, 실력이 좋아도 수능을 망치는 수많은 학생들이 존재하는 이유이기도 하다. 패턴을 기출문제 10회독 이상으로 꼼꼼히 파악하는 것을 추천하고 주변 사람과 사교육에 너무 흔들리지 않고, 자신만의 확신을 가질 수 있는 계획을 세워 추진하는 것을 추천한다.

기숙학원에서는 정대회 담임 선생님을 만났다. 난 고집이 센 편이다. 누군가의 간섭에 굉장히 반항적이고 혼자 우직히 내 공부를 끌고 가는 게 내 방식이다. 이런 나에게 너무나도 잘 맞는 담임 선생님이셨다. 내 학습 방향에 확신을 가질 수 있게 누구보다도 날 믿어 주셨고, 내가 확신을 가지고 편안하게 공부할 수 있게 해 주셔서 나는 9월 모의고사까지 보기 좋게 망치고도 수능까지 안정적으로 내 공부를 끌고 갈 수 있었던 것 같다. 어느 학원을 가든 우리가 알고 있는 학원에서는 최상의 수업의 질은 보장받을 확률이 높다. 그런데 재수는 장기전이라 기분과 분위기가 중요하다. 담임 선생님께서 항상 웃어 주시고, 긍정적인 분위기를 조성해 주셨기 때문에 힘들었던 재수 생활을 조금이나마 웃으면서 끝까지 달릴 수 있었던 것 같다.

경북대학교 수의예과 20학번 이진만

고3때 수능을 치고 어떤 기숙학원을 가야할지 고민이 많았다. 막연히 친구 따라 들어온 곳이었다. 그런데 학원을 계속 다녀 보니 다른 기숙학원보다 시스템이 잘 짜여 있다는 걸 알았다. 그 이유는 기숙학원치고 강사 선생님의 퀄리티가 뛰어났고, 원장님과 부원장님이 우리에게 관심이 많아 공부에만 몰두할 수 있었기 때문이다. 더해서 담임 선생님들이 살신성인으로 우리를 위해 노력했기 때문에 공부에만 몰두할 수 있었다. 우리 반은 다른 반보다 사람이 더 많아 어떤 선생님이 와도 힘들 것 같았다. 하지만 우리 담임 선생님께서는 우리를 위해 밤을 새면서까지 사무실에 앉아 있었다. 지금 생각해 보면 미안하면서도 감사할 따름이다.

수험 생활을 하면서 가장 중요하다고 생각한 공부 방법은 모든 과목을 밸런스 있게 하는 것이다. 첫째, 내가 가장 부족한 과목을 모든 공부량의 30~50% 정도 하는 것이다. 그리고 나머지 과목을

20~30% 하면 된다. 이렇게 과목 비율을 맞추고 나면 어떤 과목을 언제 해야 할 지가 중요한데, 아침에 일어났을 때 피곤하면, 잠을 깰 수 있는 과목을 공부했고, 피곤하지 않다면 수능 시간표처럼 국어부터 차례대로 공부했다. 그리고 기숙학원을 다니면서 가장 중요했던 것은 마인드 컨트롤이다. 고3 수능 한 번 실패했다고 내가 루저 혹은 실패자인 것처럼 생각하면 안 된다. 휴가 나가면 대학 다니는 친구들을 만나면서 그러한 생각이 머릿속을 맴돌 것이다. 난 그러한 생각을 많이 하지는 않았지만 잡생각이 많은 친구들은 이러한 생각을 많이 하는 것 같아 보였다. 그래서 휴가 땐 이러한 생각을 가지되 휴가 복귀해서 자습하는 자리에 앉는 그 순간부터는 속세에 있는 모든 잡생각을 지우도록 노력해야 한다. 마지막으로 후배들에게 말해 주고 싶은 것은, 절대로 조급한 마음을 갖지 말자는 것이다. 사설 모의고사를 수능 전에 다 못 풀었다고 조급해 하지 말고, 기출이랑 풀었던 기출과 유형이 비슷한 사설 모의고사를 반복하면서 수능에 대비해야 한다. 절대로 조급해지지 말자….

경상대학교 수의예과 20학번 이상화

저의 재수 생활은 불안감의 연속이었습니다. 특히 저는 갑상선 기능 항진증이라는 불안 장애를 유발하는 병까지 앓고 있었고, 남들보다 더 많이 불안이라는 스트레스를 받았을 거라 생각합니다. 하지만 이 불안감이 어쩌면 재수라는 레이스를 이어 나가게 해 준 커다란 핵이었다고 생각합니다. 수능 날 성적이 잘 나올까, 오늘 하루는 내가 공부를 열심히 한 걸까, 내가 올바른 방향으로 공부를 하고 있는 걸까 등등, 이 수많은 불안감의 요소들은 저 스스로를 끊임없이 반성하도록 했습니다. 그 반성의 시간은 매일 밤 자기 전이었습니다. 늘 아쉬웠습니다. "아 조금 더 시간을 절약할 수 있었는데.", "오늘 화장실을 왜 이렇게 많이 갔을까.", 등등 사소한 점 하나하나를 후회하고, 다음 날 어떻게 공부를 할 것인지 다 생각해 놓은 뒤에야 잠에 들 수 있었습니다. 조금이라도 내가 나태해지려고 하면, 늘 불안해서, 이렇게 하면 안 될 것 같아서 열심히 했던 것 같습니다. 재수 생활은 불안한 게 당연합니다. 그리고 이 불안을 공부에 좋은 방향으로 이용하실 수 있습니다. 재수하는 동안만큼은 친구와의 대화보다는 내면과의 대화를 많이 하셨으면 좋겠습니다. 늘 스스로를 반성하고, 늘 어제의 나보다 더 나은 오늘의 내가 되셨으면 좋겠습니다.

저는 재수 생활 중에 기억나는 친구가 많이 없습니다. 평소에 친구 없이는 못 사는 제 성격이라 많이 외롭고 고독했습니다. 그래도 밥도 매번 혼자 먹으려고 노력했고, 수업도 혼자 앉아서 들으려고 했습니다. 철저히 고독해지려 노력했습니다. 그렇게 혼자 다니다 보면 자기에 관한 생각을 많이 하게 됩니다. 즉, 내면과의 대화를 이어 나가는 것인데, 평소에 사람들이랑 많이 얘기해 보면 알듯이 대화 주제는 끝이 없습니다. 공부에 관한 생각이 아니어도 됩니다. 자신에 관한 생각이면 됩니다. 재수 생활이 아니면 이렇게 자기 내면과 마주할 수 있는 시간이 많이 없습니다. 즉, 재수 생활을 통해 공부도 공부지만 추가로 자기의 정체성에 대해 깊이 생각해 보실 수 있었으면 좋겠습니다. 나는 누구인가, 나는 어떻게 살아왔나, 어떻게 살고 있나, 어떻게 살고 싶나 등등, 자기의 내면세계를 부풀려 한층 성숙한 지성체가 되셨으면 좋겠습니다. 마지막으로 제가 재수를 하면서 가장 위안을 얻었던 시 한 편을 소개하고 마치겠습니다.

나의 지식이 독한 회의를 구하지 못하고

…

밤마다 고민하고 방황하는 열사의 끝

…

운명처럼 반드시 '나'와 대면케 될지니

—유치환, 「생명의 서 1장」 중에서

대구한의대학교 한의예과 20학번 김충담

다른 학원들과 비교했을 때 ○○기숙학원의 가장 큰 메리트가 뭐냐고 묻는다면 모두가 "많은 자습 시간"이라 답할 것입니다. 수험생에게 있어 최소로 필요하다 싶은 시간만을 필수 수업 시간으로 정해 놓고 나머지는 자율적으로 학습할 수 있게 한 시스템으로, 필수적인 수업을 해 주시는 강사분들의 강의력 또한 만족스러워 학원 생활 중 놓칠 시간이 거의 없었습니다. 또한 아래에 다시 언급하겠지만 개개인에게 신경 써 주시는 담임 선생님과 학생들을 엄격하게 관리해 주시는 부원장 선생님, 그리고 원내의 불편 사항을 최대한 빨리 개선해 주시려고 노력해 주시는 원장 선생님 모두 공부에 온전히 집중할 수 있게끔 힘써 주셨습니다. 기숙사 또한 4인 1실에 화장실이 두 개라 아침에 일과 시작 준비할 때나 밤에 취침 준비할 때도 편안했으며 침대나 가구들 역시 생활하기에 불편한 점이 전혀 없었을 정도로 학원의 시설들은 상당히 만족스러웠습니다.

담임 선생님은 학생 개개인과 소통하기 위해 노력하시고, 개선이 필요한 사항들을 받아들여 주셨고, 항상 칭찬을 적절히 섞어 가며 대화해 주셔서 자칫 감정이 상할 수 있는 상황이라도 최대한 배려해 주시는 모습이 보였습니다. 고민거리나 상담이 필요할 때에는 언제든지 웃으면서 맞아 주셔서 심적으로 안정감을 느낄 수 있었고, 주의 깊게 들어 주시고 진지하게 함께 고민해 주시는 모습 등에서 학생을 진심으로 위하는 면모를 보여 주셨습니다. 특히 저에게는 담임 선생님이 기억에 남을 수밖에 없습니다. 제가 학원 프로그램에 참여하다 다치게 되어 입원이 불가피한 상황이 되었을 때 누구보다 저에게 관심을 갖고 케어해 주시고, 심지어 학원 일과 종료 후 병원에 오셔서 대화도 하고 제가 병원에서도 계속해서 공부에 집중할 수 있는 환경을 조성해 주시는 데 최선을 다해 주셨기 때문입니다. 그 시기에 담임 선생님의 도움 덕분에 마음을 다잡고 이겨 낼 수 있지 않았나 생각합니다.

수험 기간 동안 가장 중요시한 것에는 크게 세 가지가 있습니다.

첫째는 계획을 제대로, 꼼꼼히 짜는 것으로, 처음에 전체적인 커리큘럼을 정하고 그를 적절히 시기별로 분류하고, 이를 다시 주별로, 일별로 분류해 매일 계획을 수정해 나가는 작업을 했습니다. 단, 매일매일 계획은 조금씩 변화를 줄 수 있지만, 주별로 정한 것이나 월별로 정한 일정은 절대 밀리지 않도록 최선을 다했습니다. 이 과정을 꾸준히 반복하니 수능 때까지 목표했던 학습량을 다 채우고 시험장에 들어갈 수 있었습니다. 이 점이 재수에서 나름대로 성적을 올린 원동력이라고 생각합니다.

둘째는 학원 시스템상 모의고사를 포함해서 시험을 자주 칠 수밖에 없는데, 이것들에 전혀 흔들리지 않는 것이 중요하다고 생각합니다. 처음에는 저도 시험 성적 하나하나에 연연하고 일희일비하는 태도를 갖고 있었으나, 이는 수험 생활 중 저의 멘탈을 유지하는 데 굉장히 큰 방해가 되었습니다. 성적이 잘 나오면 방심하다 성적이 떨어지기도 했고, 성적이 잘 안 나오면 좌절해서 집중력이 흐트러지는 경우도 있었고요. 또한 두 번째 사항은 수능이 끝나고 가장 크게 실감한 사항입니다. 이를 위해 예시를 하나 들자면, 수험 생활 기간 중 수학은 제가 자신감을 전혀 갖지 못한 과목이었습니다. 물론 후반기에 성적이 비약적으로 오르기는 했지만, 9월 모의 평가 이전까지 가장 불안한 과목이었습니다. 하지만 결과적으로 수능에서는 나름대로 괜찮은 성적을 얻었고, 이를 통해 수능을 제외한 시험에 연연할 필요가 없다는 점을 다시 한번 깨닫게 되었네요.

마지막으로는 담임 선생님께서도 강조하신 '절대학습량'입니다. 사람마다 필요한 학습량은 다르겠지만, 개인마다 요하는 절대적인 학습의 양을 스스로 파악하고 그를 충족시키기 위해 꾸준히 노력하는 것이 중요하다고 저는 생각합니다. 저는 재수를 시작하고 초반에 굉장히 학습량이 부족하다고 스스로 판단해서 매일 일과 종료 후 시작되는 심야 자율 학습은 물론이고, 주 5일 이상은 3시에서 4시 정도까지 기숙사 화장실에서 부족한 공부를 하며 하루에 세 시간 정도 자는 날도 허다했을 정도로 시간을 많이 투자했습니다. 기상 후에는 정규 스케줄 중에 졸까 봐 아침을 굶고 배고픈 상태로 버티기도 했고요. 물론 그로 인한 건강 악화까지 케어하지는 못해서 한 달에 한두 번은 꼭 아파 본가에 갔다 온 점은 아쉽다고 생각하지만, 이는 절대 헛된 시간이 아니었다고 자부할 수 있을 정도로, 꼭 필요한 과정이었다고 저는 생각합니다.

부산대학교 치의학석사통합과정 20학번 목진호

먼저, ○○기숙학원의 장점들에 대해 말씀드리겠습니다.

첫 번째로, 한 건물 내에서 모든 수험 생활이 이루어진다는 점입니다. 통학을 해야 하는 타 재수 학원들과는 달리 기숙사와 자습실이 한 건물 내에 있는 ○○기숙학원은, 바로 자습실로 갈 수 있어 수험 생활에 필요한 에너지를 낭비하지 않고 오로지 공부에만 쏟을 수 있었습니다. 밥을 먹는 급식실 또한 한 건물 내에 있습니다. 그래서 정기 외출을 하는 날 말고는 제 수험 생활의 거의 대부분은 ○○기숙학원 건물 내에서 진행되었기에, 쓸데없이 시간을 낭비하지 않았고, 동시에 낭비하지 않은 시간들을 제 공부 시간에 더 추가할 수 있었습니다.

두 번째는, 수험생들의 일상 관리를 해 주시는 선생님들의 존재였습니다. 수험생이라면 누구나 초반에는 수능을 잘 보겠다는 열정에 휩싸여 나름 자신의 생활을 정립하며 규칙을 세워 생활해 나갑니다. 하지만, 시간이 지남에 따라 그 열정은 식고 몸은 점점 지쳐가 정신력과 끈기가 강하지 않은 학생들은 각자의 생활이 점차 무너져 갑니다. 이때, 옆에서 우리의 수험 생활을 도와주는 선생님들이 ○○기숙학원에 계십니다. 여러 선생님들이 로테이션으로 근무하고 있어 24시간 동안 학생들을 관리하며 학생들의 편의를 봐주고 계십니다. 저 또한 '6평' 이후 슬럼프에 빠져 제 자신의 생활이 무너져 갔습니다. 그럴 때마다 ○○기숙학원의 여러 선생님들이 각자의 방법으로 저를 도와주시고 제 수험 생활을 도와주셨습니다. 특히 ○○기숙학원의 원장님과 부원장님은 수험생들을 위하는 마음이 그 누구보다도 커서, 수험생들의 목소리를 들으려 쪽지함을 만드셨고 주에 한 번씩 쪽지들에 쓰인 수험생들의 고초를 해결해 주려고 노력하십니다.

위에서 언급하지 않았지만, 제 YE반 담임이셨던 정대희 선생님은 제게 있어서 정말로 큰 도움을 주셨습니다. 정대희 선생님은 YE반 수험생들을 위하는 일들을 여럿 하셨습니다. 종례 시간에 강사 선생님들을 초빙해서 우리 수험생들에게 필요한 여러 조언들을 듣게 자리를 만들어 주셨고, 직접 대학들의 입시에 관한 여러 가지 중요 사항들을 공부해 저희들에게 알려 주셨습니다. 또한, 저희들의 어려움을 헤아리시려고 선생님도 스스로 밤을 새워가며 공부를 하면서 기숙학원에 남아 있었던 적이 여러 번 있었습니다. 그 다음 날 아침 일찍 선생님을 급식실에서 보았죠. 학원에서 배정된 일만 하더라도 시간이 없고 정신이 없었을 텐데 저희들을 생각하는 그 마음 하나로 고단한 일들을 자처하셨습니다. 이 수기를 쓰고 있는 지금 다시 한번 정대희 선생님께 고마움을 전합니다. 제 수험 생활인 1년 동안 도움을 주셔서 정말로 감사드립니다.

사실 수능을 준비하는 공부는 그리 어려운 것이 아닙니다. 제가 수험 생활을 끝내서 빈말을 하는 것이 아닙니다. 수능은 단순히 말해 '노가다'의 연속입니다. 초반에는 당연하게도 각 과목이 필요로 하는 기본 소양인 개념과 원리들을 배워야 합니다. 그 단계가 끝났으면 배운 것들을 갈고닦아야 하는 단계로 넘어가야 합니다. 크게 보면 그 2단계가 끝입니다. 처음 단계인 새로운 것을 배우는 단계 외에는 당연히 노가다입니다. 초반에 확실하게 개념들을 잡고 그 다음에는 문제들을 통해 자기 자신이 개념들을 자유자재로 활용할 수 있게 갈고닦아야 합니다. 얼마나 날카롭게 갈고닦느냐의 차이로 인해 점수의 차이가 정해지고 결국은 대학의 차이로 이어집니다. 요령 부릴 생각하지 마세요. 하지만 자신의 약점을 냉정하게 분석할 줄 알아야 하고, 무식하게 다 공부하는 것이 아니라 자신의 부족한 점을 집중적으로 선택적으로 공부해야합니다. 결국은 소처럼 우직하게, 여우처럼 영리하게 수험 생활을 하셔야 합니다. 두루뭉술하게 말하고 있는 것 같지만 이것이 제가 수험 생활을 하며 내린 결론입니다. 물론, 공부의 왕도는 없습니다. 하지만, 한 가지는 확실하게 말씀드릴 수 있을 것 같습니다. 노력은 배신하지 않습니다. 단지 그 노력이 쓸데없이 쓰여져서 배신하는 것처럼 보일 뿐이죠.

　마지막으로 한 가지 조언을 해 드리겠습니다. 저는 20학년도 수능 국어를 치고 나서 망한 줄 알았습니다. 하지만, 저는 수학 영역과 과학 영역에서는 다 맞춰야겠다며 스스로 다짐을 해 멘탈을 관리했습니다. 나중에 알고 보니 국어는 그리 망치지 않았고(1등급), 수학은 100점을 받았으며, 과학 영역에서 두 개를 틀려 나름 괜찮은 성적을 받아 좋은 대학에 합격하게 되었습니다. 제가 말하고 싶은 건, 수능을 볼 때 한 영역을 망친 것 같다고 스스로의 멘탈을 무너뜨리지 마시고 그럴 때일수록 더더욱 다른 영역들을 다 맞추겠다는 의지를 갖추어 멘탈을 관리하시라는 것입니다. 제가 드릴 수 있는 마지막 조언입니다. 그러면 수험생 여러분, "파이팅!"이라는 빈말을 하기보다는 "더 고생하세요." 하고 말하고 싶습니다. 지금의 힘든 시기가 수능이 끝나고 난 후의 여러분들에게 크나큰 기쁨이자 행복이 되어 돌아올 것입니다. 눈부신 그날을 기다리며 인내하세요. 조용히 뒤에서 응원하겠습니다.

서울교육대학교 초등교육과 20학번 김유찬

학원에서 가장 좋았다고 생각하는 점은 다른 학원과 다르게 수업 시간을 개인의 자율 학습 시간과 조정해서 직접 선택할 수 있다는 점이다. 수업 시간도 물론 중요하지만, 또 중요하다고 생각하는 것은 자율 학습 시간이다. 그날 배운 것은 자신이 계획한 자율 학습 시간에 그 당일 복습하고 머리에 익히는 것이다. 물론 이마저 머릿속에서 사라지지만, 이 과정은 선생님의 수업을 나의 수업으로 만드는 과정이기 때문에 나중에 다시 공부할 때 자신의 방식으로 다시 떠올리는 데 큰 도움을 준다. 학원에 있다 보면 각종 유혹이 우리의 공부 시간을 방해한다. 스마트 기기를 통한 각종 미디어, 친구와의 대화 등이 언제나 유혹을 하지만, 학원에서 여러 선생님이 계속 주시하면서 학생들이 공부에 전념할 수 있도록 도와주신다.

각 반에 학생들이 편안하고 안정적으로 지속해서 공부할 수 있도록 도와주시는 담임 선생님이 계신다. 담임 선생님은 각 반의 공부 환경을 유지하도록 도와주시고, 학생들이 지치거나 힘들 때 상담으로 학생들을 도와주신다. 또한 진로 상담도 꾸준하게 해 주셔서 각자의 진로에 맞게 공부할 수 있도록 하신다. 제일 좋았던 것은, 하루를 마무리하고 담임 선생님과 종례를 하는 시간에 담임 선생님이 피곤한 마음을 웃음으로 풀어 주시고, 때로는 공부에 대한 자극을 통해 다시 한번 마음을 다잡도록 해 주신 것이다.

　내가 성공할 수 있었던 이유를 수험 생활 동안에서 찾아보면, 여러 가지가 있다. 그중에서도 내가 가장 중요하게 생각하는 것은 '선생님에 대한 신뢰'다. 학원에서는 같은 과목이더라도 한 과목당 여러 선생님들이 존재한다. 학생들은 다른 학생의 말을 듣고 수업을 여러 번 옮겨 다니는 경우가 많다. 하지만 이것은 다시 새로운 선생님과 새로운 방법으로 공부하는 것과 같기 때문에 시간을 버리는 행위라고 생각한다. 처음 같이 시작한 선생님이 자신의 성적 상승에 도움이 될 것이라고 신뢰하고 처음부터 끝까지 짜인 동일한 커리큘럼으로 공부해야 한다. 또한 1년을 계획한 커리큘럼이기 때문에 버릴 수업이 단 한 시간도 없다는 것을 명심해야 한다. 수능과 가까이 갈수록 학생들은 자습에 집착하는 경우가 많다. 선생님의 유인물만 받고 나중에 혼자 하겠다는 마음으로 수업을 나가는 학생들이 있다. 그렇지만 결국 수업을 따라가기 위해 수업 시간 보다 더 많은 시간을 투자하게 된다. 자습 시간은 수업 외에도 매우 많기 때문에 모든 수업을 들어야 한다고 생각한다. 다음으로 중요한 것은 하루에 모든 과목을 꾸준히 공부하는 습관을 들이는 것이라고 생각한다. 한 과목씩 집중적으로 공부하는 것도 좋지만 여기에 습관을 들이게 된다면 나중에는 여러 과목을 공부하는 데 시간 관리가 어려워진다. 또한 한 과목씩 집중적으로 한다면 다른 과목 공부의 감이 사라질 때도 있다. 따라서 매일 적정량을 꾸준하게 공부하는 것이 중요하다고 생각한다.

공부하는 것은 누구에게나 힘들다. 그러나 모두가 항상 지쳐 있는 표정을 짓고 있지는 않다. 나는 공부도 중요하지만 쉴 때는 아무 걱정 없이 푹 쉬는 것도 중요하다고 생각한다. 학원에서는 일요일 중 세 시간을 자유 시간으로 정해 놓았다. 그 시간에 물론 공부하는 학생들도 있지만, 그 시간만큼 쉬어 주는 것이 중요하다. 나는 주로 탁구를 하거나 방에서 재미있는 책을 읽거나 잠을 자는 것으로 그 시간을 보냈다. 그 시간만큼은 공부에 대한 스트레스를 잊을 수 있었다. 자기를 위한 자유 시간조차 없다면 금방 지쳐 포기할 수도 있다.

많은 사람들이 얘기하듯이 수험 공부는 자신과의 싸움인 것 같다. 누가 시간을 얼마나 효율적으로 쓰고 누가 얼마나 자신의 멘탈 관리에 힘을 썼는지가 결과로서 보이는 것 같다. 남들 하는 것에 연연해하지 말고 자기 자신에 맞게 흔들리지 않고 끝까지 수험 생활을 하는 것이 중요하다.

서울대학교 산업공학과 20학번 박예성

저의 재수 생활은 전혀 순탄한 과정이 아니었습니다. 여러 학원을 옮겨 다니면서 새로운 환경에 적응하는 것도 쉬운 일이 아니었고, 허리를 비롯해서 몸도 좋지 않아서 여러모로 힘든 일이 많았습니다. 제가 다녔던 여러 기숙학원 중에서 가장 좋았던 학원은 마지막에 다녔던 ○○기숙학원이었습니다. 다른 기숙학원들은 제가 어떤 수업을 들을지 선택을 할 수가 없었습니다. 한두 개의 특강을 제외하면 저의 시간표가 정해져 있었고, 들을 필요가 없는 수업들도 들어야 했습니다. 특히 저 같은 경우에는 미국에서 살다와서 수능 영어는 중 1때부터 1등급을 받았기 때문에 영어를 들을 필요가 없었지만, 어쩔 수 없이 1주일에 다섯 시간 이상을 영어 수업 시간에 허비해야 했습니다. 물론 아예 도움이 안 된 건 아니었습니다. 문제 푸는 감각 정도는 살릴 수 있었지만, 그 정도는 1주일에 한 시간 정도면 혼자 할 수 있는 작업이었습니다. 그러나 ○○기숙학원에서는 제가 듣고 싶은 수업을 선택해서 들을 수 있었기 때문에, 제가 판단하기에 들을 필요가 없다고 생각하는 과목은 안 들을 수 있었고 매우 효율적인 공부를 할 수 있었습니다. 그리고 다른 기숙학원들과 다르게, 공부를 잘하는 학생들에게만 자습실을 제공해 주는 것이 아니라 모든 학생들에게 자습실을 제공해 주기 때문에, 모든 재원생들이 쾌적한 환경에서 공부할 수 있었습니다.

흔히 기숙학원이나 재수 학원에서는 공부를 잘하는 학생들에게 자습실 자리를 주거나 공부하는 데 편리한 혜택을 줍니다. 공부를 잘하는 것을 칭찬한다는 의미에서 다양한 혜택을 우등생에게 주는 것은 좋지만, 그 혜택이 모든 학생이 공평한 환경에서 공부하지 못하도록 한다면 오히려 빈익빈 부익부 현상이 생길수도 있습니다. 하지만 ○○기숙학원에서는 모든 학생들에게 동일한 환경을 제공해 주기에 그런 일이 생길수가 없습니다.

또한 ○○기숙학원에서의 담임 선생님도 제가 재수를 성공적으로 끝마치는 데 큰 도움이 되었습니다. 2019학년도 수능에서 한양대 에리카에도 7차 추합으로 붙을 만큼 불만족스러운 성적을 받았지만, 담임 선생님의 도움으로 2020학년도 수능에서는 서울대, 연세대, 동국대 의대, 카이스트, 그리고 경찰대까지 합격하는 쾌거를 이룰 수 있었습니다. 보통 재수 학원에서의 담임 선생님들은 학생들의 공부량에 집중하고 자신이 보기에 학생에게 맞는 공부 방법을 추천해 주고 그대로 따라 하기를 기대하기 마련입니다. 그런데 ○○기숙학원에서의 담임 선생님은 오히려 제가 저에게 맞는 공부 방법을 스스로 찾을 수 있도록 도와주셨습니다. 또한 제가 여러가지 사정으로 인해서 공부에 집중하지 못할 때 다른 선생님들처럼 저에게 압박을 주면서 제가 스트레스를 받게 하기 보다는, 괜찮다고 말씀해 주시면서 재수생으로서의 스트레스를 많이 줄여 주셨습니다. 좋은 점수를 받기 위해 공부를 할 때는 절대적인 공부량 보다는 자신이 편안한 환경에서 공부해야 한다는 것을 깨닫게 해 주시기도 했습니다.

제가 재수하면서 공부할 때는 마인드 컨트롤을 가장 중요시 했습니다. 보통 사람들은 시험을 보면서 긴장하지 말라고 많이들 말합니다. 그러나 그것은 현실적으로 불가능하다고 생각합니다. 왜냐하면 실전에서 긴장을 할 만한 시험이 재수할 때는 많아야 열 번 남짓으로, 긴장될 상황 속에서 긴장하지 않는 연습을 하기에는 부족한 횟수이기 때문입니다. 그래서 저는 평소에 푸는 모의고사나 문제집 등을 풀 때 최대한 긴장하려고 노력했습니다. 물론 실전처럼 긴장이 되지는 않았지만 저의 긴장감을 다스리는 법을 조금이나마 몸에 익힐 수 있었고, 실전에서도 긴장감에 익숙해져 있기 때문에 연습 때처럼 문제를 잘 풀 수 있었습니다. 또한 평소에 공부를 할 때에는 계획을 세우기는 했지만, 계획을 못 지켰다고 크게 스트레스를 받지는 않고 편하게 공부했습니다. 공부를 효율적으로 하는 데 집중하고, 공부를 많이 하는 데 집중하지는 않았습니다. 물론 후반에 가서는 효율성과 양을 동시에 챙겨서, 마지막 한 달 반 동안 모의고사 1,200페이지를 풀기는 했습니다. 그러나 양에 집중하기보다는 효율성과 질에 집중했던 것 같습니다. 지금까지 ○○기숙학원 박예성의 2020학년도 재수 후기였습니다.

연세대학교 전기전자공학부 20학번 전종욱

　어떻게 보면 고3 시절보다 중요한 재수 시절을 ○○기숙학원에서 보내면서 도움받았던 점을 소개하고자 한다. 우선, 시설이 매우 깨끗하고 좋아서 재수 생활에 도움이 되었다. ○○기숙학원을 선택하기 전에 여러 기숙학원을 돌아다니면서 시설들을 비교했지만, ○○기숙학원만 한 시설은 없었다. 학생이 공부하는 데 있어서 가장 중요한 환경은 책상이라고 생각한다. 타 학원에 비해 넓은 책상이 있어서 책들을 정리할 공간, 텀블러, 양치 도구 등을 놓을 공간이 충분했다. 수능장에서는 이러한 넓은 책상에서 시험을 보지 않는다고 걱정하는 친구들이 있을 것이다. 학원에서 치르는 모의고사는 1층에서 보는데, 1층 책상은 일반 학교에 있는 기본 책상의 크기와 같다. 따라서 자습은 큰 책상에서 편하게 할 수 있고, 모의고사는 수능장과 같은 책상으로 실전에 대비할 수 있다는 것이다. 화장실, 식당, 교실, 숙소는 말도 안 되게 깨끗했다. 변기마다 비데가 구비되어 있고, 숙소에서는 1년 동안 개미 한 마리 본 적 없다.

　다음으로는, 학생들을 위한 학원 운영 시스템이 도움이 되었다. 학생들은 자신이 부족한 과목의 수업을 골라 들을 수 있을뿐더러, 자신의 수준에 맞는 반의 수업을 들을 수 있다. 수업을 골라 들으면서 자신의 자습 시간을 조절할 수 있다는 점이 좋았고, 자신의 수준에 맞는 반의 수업을 듣고 그 수준에 맞게 강사들이 설명해 주시는 점이 좋았다.

　마지막으로 선생님들(강사, 관리 선생님)이 성적 향상에 도움이 되었다. 강사님들의 강의력은 의심할 바가 없을 만큼 정말 좋다. 강의 자료도 정말 좋기 때문에 성적 향상에 도움이 많이 되었다. 강사님들뿐만 아니라 질의응답 선생님들도 계셨는데, 이분들도 강사님들 못지않게 개념들을 잘 설명해 주셨다. 관리 선생님들은 학생들에게 정말 친절하게 대해 주셨다. 하지만, 자습이나 수업 시간에는 매우 엄격하게 학생들을 지도하셨다. 그렇기에 학생들이 떠들지 않음으로써 조용한 공부환경이 조성되었던 점이 좋았다.

　YE반 담임 선생님, 정대희 선생님은 정말 학생들을 위하는 선생님이셨다. 모의고사를 보고 다운되어 있던 학생들을 위해 재밌는 농담으로 분위기를 전환시키고, 농담 뒤에는 항상 학생들에게 동기를 부여해 주는 말씀을 해 주시고는 했다. 이를 통해서 반에 있는 여러 학생들은 모의고사를 못 본 좌절을 빨리 잊고, 앞으로

혜쳐 나갈 수 있었다. 또한 동기부여를 위해 강사나 다른 지인들을 반에 데려오셔서 소개해 주는 시간도 종종 있어 좋았다. 가장 기억에 남았던 분은 고려대학교를 졸업하신 선생님이셨는데, 이분은 우리와 같은 재수 기숙 생활을 하셨기 때문에 우리들이 겪는 어려움을 공감해 주셨고, 동기를 부여해 주셨다.

　1년 동안 ○○기숙학원에 있으면서 터득한 나만의 공부 방법을 소개하고자 한다. 기숙학원에서 생활하는 동안은 정말 공부 말고는 할 것이 없다. 따라서 남들보다는 공부 시간이 많은 것은 맞다. 하지만, 그렇다고 이 많은 시간 동안 무작정 열심히만 하면 성적 향상이 크게 일어나지 않을 수도 있다. 주어진 시간은 같지만, 1년 뒤의 결과는 학생 개개인이 다르다. 당연한 것이다. 왜냐하면 학생들은 모두 다르기 때문이다. 학생들은 각자 잘하는 것, 못하는 것이 있고, 어떤 공부가 맞고, 안 맞고가 있다. 따라서 자기 자신을 아는 것이 가장 중요하다고 생각한다. 자기 자신에게 맞는 공부 방법을 찾아야 한다. 여러 가지 공부 방법을 분석, 연구하고 자신에게 가장 최적화된 공부 방법을 찾는 것이 중요하다고 생각한다. 다시 말해서, 공부를 효율적으로 해야 한다는 것이다. 공부를 효율적으로 해야 같은 시간대비 성적 향상을 가장 크게 할 수 있다. 따라서, 먼저 자기 자신을 알아 가는 과정이 있어야 한다. 자기 자신을 알고 나서 하는 공부가 진짜 공부라고 생각한다.

전남대학교 의예과 20학번 오정진

○○기숙학원의 장점을 크게 두 가지 정도로 들어 보려고 한다.

첫째, 자습 시간이 많다. 학생들이 흔하게 착각하는 것이 하나 있다. 학원에서 강의를 듣거나 인터넷 강의를 듣는 시간이 공부하는 시간이라고 생각하는 것이다. 사실 엄연히 말해서 강의를 듣는 시간은 공부를 하는 시간이 아니다. 그 강의를 복습하며 오늘 내가 배운 내용을 되돌아보고 기억에 넣는 자습 시간이야말로 진짜 공부를 하는 시간인 것이다. 그런 면에서 수업을 하는 시간과 자습을 하는 시간의 비율이 적정한 기숙학원은 공부를 하기에 아주 좋은 환경이라고 말할 수 있었다.

둘째, 강사진이 좋다. 여기서 말하는 강사진이란 소위 말하는 '1타 강사'가 오느냐 마느냐의 이야기가 아니다. 그저 그 과목의 강사로서 좋은 실력을 갖추고 있는 것이 증명되었고 학생들에게 열정적인 수업을 해 줄 수 있는 강사진이 준비되어 있느냐는 것이다. ○○기숙학원은 온라인에서 인터넷 강의를 할 정도로 실력이 보장되어 있는 강사분들을 데리고 오는 경우가 많다. 또한 인터넷 강의를 하지 않는 강사의 경우도 내 경험상 학생들을 위해 열정적인 수업을 해 주는 강사분들이 대부분이셨다. 강사진은 기숙학원 중 가장 완벽하다고 할 수 있다. 이렇듯 ○○기숙학원은 '공부'를 이루는 두 가지 요소인 '강의'와 '자습'을 골고루 갖추고 있는 좋은 학원이다. 이러한 밸런스가 ○○기숙학원이 좋은 학원이라는 사실을 잘 보여 주고 있다.

기숙학원의 입시 담임들은 학교 선생님이 아니다. 그렇기 때문에 많은 학생들을 관리해야 되는 그들의 입장으로서 모든 학생에게 세심한 관심과 배려를 주기는 어렵다. 나는 학원에 들어가기 전 이러한 부분들에 대해 항상 고민했다. 그러나 다행이라고 느꼈던 것은 나의 입시 담임으로 배정된 정대희 선생님이 인간적인 사람이었다는 것이다. 비록 나 한 사람에게 관심과 배려를 쏟아부어 줄 수는 없었지만 내가 지치거나 쉬고 싶을 때 항상 친구처럼 나를 도와주던 사람이 정대희 선생님이었다. 비록 입시 상담, 학습 계획 관리 같은 거창한 부분이 아니더라도 멘탈 케어와 같은 부분에서 정대희 선생님은 많은 도움이 되었다고 말할 수 있다.

나의 재수생 시절 공부 태도는 크게 세 가지로 말할 수 있다.

첫 번째, 부족한 부분만 공부한다.

재수 생활은 1년도 채 되지 않는 짧은 기간이다. 이러한 기간 동안 수능에 나오는 전 과목, 전 범위를 모두 공부하는 건 말도 안 된다. 그렇기 때문에 처음부터 자신의 약점이 무엇인지, 그것을 보완하기 위해서는 어떠한 공부를 해야 하는지에 대해 항상 생각을 하고 있어야 한다. 그래서 나는 모의고사를 볼 때마다 각 과목에서 어떠한 단원의 어떠한 유형의 문제를 틀렸는지 항상 기록해 놓았다. 그리고 9월 평가원까지 끝났을 시점부터는 전체적인 공부를 하기보다 나의 약점으로 분류되었던 것들을 보완하기 위한 강의와 문제집만을 풀었다. 예를 들어, 나는 국어 과목에서 문법에 취약한 부분이 있었다. 나는 모의고사를 볼 때마다 문법 다섯 문제 중 두 문제를 틀리는 것을 보며 이것은 우연이 아닌 실력이라고 생각해 문법으로 유명한 강사의 강의를 들으며 문법 기출을 세 번 정도 풀었다. 그 후로 나는 국어 모의고사들에서 항상 문법을 다 맞힐 수 있게 되었고 수능에 가서는 국어 만점을 받는 쾌거를 이루기도 했다.

두 번째, 불필요한 압박감을 버리고 쉴 땐 쉰다.

○○기숙학원은 한 달에 한 번씩 정기 휴가가 있다. 그런데 정기 휴가 기간 동안 집에 가지 않고 학원에 잔류해서 공부를 할 수도 있다. 물론 남아서 공부한 친구들을 비하하는 것은 아니다. 하지만 나는 수능 전까지 있었던 모든 휴가를 빼먹지 않고 나갔으며, 나갈 때 단 한 권의 책도 들고 가지 않았다. 이러한 이야기를 하면 어떤 학생들은 '나가면 놀고 싶으니 안 들고 갈 수도 있는 거 아닌

가?'라는 생각을 할 수 있다. 그러나 본인이 경험해 보면 알겠지만, 수능이 가까워질수록 뭐라도 해야 할 것 같은 압박감에 안 하던 잔류도 하고, 안 들고 가던 책도 들고 가는 것이 사람이다. 나는 이러한 부담감을 가질 수험생들에게 말하고 싶다. 쉴 때는 쉬는 게 좋다. 또 다른 예시로 내 개인적인 경험을 들 수 있다. 우리 학원은 점심, 저녁을 먹고 난 후 산책을 할 수 있을 정도의 시간이 주어진다. 내가 처음 학원에 들어가 적응을 한 정도의 시간이었던 3월에는 다른 학생들도 항상 밖으로 나와 산책을 하거나 소소한 운동을 즐기며 활기차게 생활을 했던 것 같다. 그런데 10월이 되어 산책을 나온 나는 걱정을 하지 않을 수 없었다. 더 이상 산책을 하는 학생들의 표정이 3월의 그 활기찬 표정이 아니었다. 이미 포기한 얼굴이나 아무 생각이 없는 듯한 얼굴들이 그저 학원 주위를 뱅뱅 돌고만 있을 뿐, 전혀 산책이라는 것을 하고 있지 않았기 때문이다. 또한 나와 함께 산책을 하며 친하게 지냈던 여섯 명 정도의 친구들은 다가오는 압박감에 서로 멀리하고, 산책하며 대화할 시간마저 쪼개 가며 책상에 앉아 책을 보는 것이었다. 그러나 아이러니하게도 수능이 끝난 후 목표를 이룬 사람은 나, 나와 함께 끝까지 여유롭게 행동했던 친구, 둘밖에 없었다. 위의 두 가지 예시로 말하고 싶다. 부담감에 떠밀려 하는 공부는 절대로 성적에 악영향만 미칠 뿐 도움이 되지 않는다는 것을.

마지막으로 가장 중요한 것을 말해 주고 싶다.

수능은 실력 싸움 이상으로 멘탈 싸움이다. '운칠기삼'이라는 말을 들어 본 적이 있을 것이다. 운은 70퍼센트이며 기술이 30퍼센트라는 것이다. 이 단어야말로 수능에 가장 적합한 단어일 것이라고 나는 생각한다. 그러나 70퍼센트씩이나 차지하는 이 '운'이라는 것은 단순히 그날의 운명이어서 내가 어떻게 할 수 없는 그런 것일까? 나는 아니라고 생각한다. 그날의 운은 본인이 만들어 낼 수 있다. 나의 예시를 들어 보겠다. 나는 수능이 다가오기 1주일 전부터 스스로 멘탈 케어에 들어갔다. 일부러 쉬운 사설 모의고사를 풀어 높은 점수를 받기도 했으며, 항상 긍정적인 마인드를 유지하기 위해 수능이 끝난 후 나의 성공한 모습을 상상해 보기도 했다. 그러자 신기하게도 수능을 잘 볼 것만 같은 예감이 몰려왔다. 심지어 수능을 치르기 3일 전에 나는 나와 함께 산책을 하던 친구에게 이렇게 말하기도 했다. "나 더 이상 공부할게 없는 것 같다." 물론 지금 생각해 보면 '그렇게 오만한 말이 또 있을까?'하는 생각이 들지만 조금 다르게 생각하면 얼마나 내가 자신감이 있는 상태였는지를 짐작할 수 있는 것이다. 이렇게 멘탈 무장을 완료하고 수능 당일에 시험장을 밟자마자 내가 했던 행동은 그 학교 주변을 산책하는 것이었다. 1교시 시작 전 산책을 하며 광주에서 같이 올라와 재수하던 친구와 물 한 잔 마시면서 대화도 하면서 긴장을 풀었다. 또한 시험을 보는 내내 '틀린 문제가 없을 것 같다, 오늘만큼은 찍어도 맞는다.' 같은 생각을 하며 멘탈을 유지했다.

이러한 노력으로 나는 모의고사에서도 맞아 보지 못한 인생 최고 점수를 수능에서 받게 된다.

'진인사대천명'이라는 말이 있다. 사람이 자신이 할 일을 모두 끝내고 하늘의 뜻을 기다린다는 의미다. 만약 수험생 본인이 자신의 할 일을 모두 끝냈다고 확신한다면 이제는 하늘의 뜻을 기다리기만 하면 된다. 이미 본인은 자신의 노력으로 하늘의 뜻을 만들어 놓았고, 반드시 성공할 수밖에 없기 때문이다.

충남대학교 기술교육과 20학번 김호재

"대견하고 자랑스러운 아들."

재수를 하고 대학에 입학해 한 학기를 보내고 난 후 여름방학 중에 재수 생활 동안 담임이셨던 정대희 선생님께 오랜만에 연락이 왔다. 선생님께서 수험생들을 위한 책을 쓰시는데 제자들의 성장 스토리를 같이 보여 주고 싶다고 하셨고, 조금 망설이다가 지원하겠다 말씀드렸다. 굉장히 보람 있는 일이지만 보통 수험 생활 수기는 수능에서 고득점을 받아 명문대에 합격한 친구들이 후배들에게 조언을 해 주곤 하는 것인데, 나는 그렇지 않았기 때문이다. 그러나 나의 수험 생활 이야기가 누군가에게는 도움이 될 수 있다는 생각을 가지고 수기를 적어 보기로 결심했다.

나의 수험 생활 내내 나의 목표는 의대였다. 수험 생활 준비하는 동안에도 최상위권 학생, 대학교에서도 최상위권 학생을 거쳐

서 졸업 후에도 많은 사람들에게 동경받는 의사가 되는 게 멋있다고 생각했다. 그래서 친구들이 목표하는 곳이 어디냐고 물어보면 항상 의대라고 대답했다. 그때마다 친구들은 네 성적에 무슨 의대냐고 놀리곤 했는데 유일하게 내 목표를 진심으로 응원해 주는 사람이 한 명, 그건 바로 우리 아버지였다.

아버지는 아들 교육, 뒷바라지에 정말 최선을 다하셨다. 공부에 필요한 것들을 항상 먼저 찾아 주시고 입시 정보도 상상 이상으로 직접 찾아다니셨다. 그런데 다른 어떤 부모님보다 열심히 지원해 주시는 아버지가 나에게는 한없이 관대하셨다. 성적표가 나올 때에는 못 본 과목이 있으면 문제가 어려웠냐며 다독여 주시고, 잘 본 과목에는 아낌없이 칭찬해 주셨다. 그럼에도 이렇게 솔선수범하는 아버지 밑에서 나는 고등학교 3년 내내 성적과 노력 모두 그 기대에 한참 부응하지 못했다.

12월 말에 재수 기숙학원에 입학하고, 학원에서 2019년 새해를 맞이하는 날이었다. 저녁 식사 후 공부를 하고 있는데 담임 선생님께서 부모님 편지를 전달해 주셨다. 아버지는 스스로 미리 학원을 알아보고 선행반에 들어가서 일찍 공부를 시작하는 아들이 대견하고 믿음직스럽다고, 힘내라고 하셨다. 눈물이 쏟아져 내렸다. 말로만 열심히 한다고 하는 아들을, 정말로 최선을 다하는 아버지가 대견해한다. 그동안 부모님을 배신한 것 같다는 생각에 죄책감과 나 자신에 대한 혐오감을 느꼈다.

마음속에 독기가 생기고 두 가지 목표를 세웠다.

올해는 나 자신과 부모님께 부끄럽지 않게 최선을 다하며, 반드시 의대에 합격해 부모님께 정말 대견하고 자랑스러운 아들이 되겠다고 다짐했다. 그런데 공부라는 게 생각보다 그렇게 쉽지 않았다. 기상하자마자 최대한 빨리 밥 먹고, 씻은 후에 30분 안에 자습관에 올라가 공부를 시작하고, 밥 먹을 때 화장실 갈 때 단어장을 챙겨 가며, 공부를 하고 일과가 종료되더라도 꼭 몇 분 더 공부를 하고서야 숙소로 복귀했다. 그런데도 성적은 좀처럼 오르지 않고, 결국 8월에는 슬럼프에 빠졌다. 몇몇 선생님들이 슬럼프는 공부하기 싫은 자의 변명이라고, 슬럼프 따위는 없다고 말하지만 나는 그때가 슬럼프였다고 스스로 확신한다. 책을 펴 놓고 있어도 전혀 집중이 안 되며, 이렇게까지 열심히 공부했는데 해도 안 된다는 부정적인 생각에 하루 종일 사로잡히고, 자존감은 바닥을 친다. 어느 날 하루는 도저히 공부를 못 할 것 같아서, 선생님께 말씀드리고 외출해 하루 종일 밖을 돌아다니면서 생각을 정리하고 오기도 했다. 수능이 가까워지고 불안감은 더욱 커져 취침 시간 중에 새벽까지 잠을 못 자는 날도 있었다. 결국 수능 날은 다가왔고, 아쉽지만 공부를 시작할 때에 세운 두 가지 목표 중 하나는 이루지 못했다. 그럼에도 시험을 마치고 시험장에서 나오면서, 지난 11개월은 정말 후회 없이 노력했다는 생각에 후련한 마음으로 집으로 돌아갈 수 있었다.

수능이 끝나고 진학을 고민하던 중, 학생들을 교육하고 지도할 때에 보람을 크게 느낄 수 있고, 그 일이 적성에 맞을 것 같다는 생각에 충남대 기술교육과에 지원하기로 결심했다. 누군가는 나의 재수 생활을 실패한 1년, 헛되게 보낸 시간이라고 평할 수도 있겠지만, 나는 나의 모든 것을 쏟아부어 최선을 다했다는 이 경험이, 앞으로 살아가고, 교사로서 생활하는 데에, 무엇보다 큰 도움이 될 것이라고 믿어 의심치 않는다.

마지막으로 1년 동안 내가 공부하는 데 아낌없이 도움을 주고 응원해 주신 나의 부모님 아버지 어머니, 그리고 담임 선생님 정대회 선생님께 진심으로 감사의 말씀을 드리고 싶다.

한양대학교 전기생체공학부 20학번 채효기

저는 수능 시험이 마라톤이라고 생각합니다. 마라톤이라는 긴 레이스를 하는 동안 수험생은 지치는 순간이 반드시 오게 되고 흔히들 그 시점을 '슬럼프'라고 부릅니다. 기숙학원의 가장 큰 장점은 슬럼프 극복을 도와줄 친구들 그리고 선생님이 바로 옆에 있다는 점입니다. 저 또한 재수 도중 9평 직후에 슬럼프가 왔었습니다. 생각보다 9평 점수가 나오지 않아서 스스로에게 실망하기도 했고 이로 인해 공부를 할 의욕이 사라진 느낌이었습니다. 그럼에도 불구하고 지속적으로 저에게 신경을 써 주시고 상담을 해 주신 담임 선생님 덕분에 다시 목표 의식을 되찾게 되었던 것 같습니다. 그리고 지속적으로 성적을 향상시켜 나가는 친구들의 모습도 저를 자극했던 것 같습니다.

마지막으로 수험 기간 도중 가장 중요한건 본인만의 페이스를 잃지 않는 것입니다. 친구가 푸는 모의고사를 따라 풀 필요도 없고 그 친구가 듣는 인강 선생님의 강의를 따라 들을 필요도 없습니다. 다른 사람을 따라하는 공부를 할 시간에 자신에게 꼭 맞는 문제를 풀고 필요한 강의를 듣는 게 훨씬 더 유익하다고 생각합니다. 생각보다 많은 친구들이 주위 친구들의 흐름에 휩쓸려 자신만의 페이스를 잃고 다른 사람의 공부를 따라 합니다. 하지만 자신에게 맞지 않는 공부는 그저 시간 보내기와 다를 게 없습니다. 자신에게 맞는 공부 방법을 찾아 우직하게 밀고 나가는 힘을 갖추는 사람이 결국은 좋은 마무리를 한다고 생각합니다.

끝으로 입시 결과를 떠나서 재수를 하는 동안 자신이 보내온 1년간의 수험 생활에 후회가 없어야 한다고 생각합니다. 저도 제자신에게 기숙 학원에서의 수험 생활에 대해 자문한다면 후회가 없다고 자신할 수 없습니다. 제가 할 수 있는 노력의 최대치를 하지 않았다는 것을 자각하고 있기 때문입니다. 항상 '이정도면 충분해.' 하는 안일한 마음이 제 능력의 최대치를 끌어내지 못했던 것 같습니다. 자신의 노력에 부끄럼이 없는 사람이 수험 생활의 좋은 결실을 맺을 수 있을 것이라고 생각합니다.

한서대학교 항공운항학과 21학번 임강훈

2018년 12월 말에 ○○기숙학원 조기반에 들어오게 되었습니다. 사실 그전에 부모님과의 갈등이 만만치 않았습니다. 저는 어릴 때부터, 잘 알려진 대치동에서 자랐습니다. 그런데도 2019학년도 수능 성적은 서울 안에 있는 대학교에는 입학이 불가능한 성적이 나왔습니다. 저는 그 당시 제 성적을 인정할 수 없었고 수능 당일 단지 컨디션이 좋지 않아서 못 본 것이라고 주장했습니다. 그러나 부모님의 생각은 다르셨습니다. 부모님이 보시기에 저는 최선을 다하지 않았고, 제가 180도 바뀌지 않는 한 성적이 오르지 않을 거라고 말씀하셨습니다. 이러한 의견 차이에 의해 저는 집에서 통학할 수 있는 학원에 가고 싶었고, 부모님께서는 제가 기숙학원에 들어가서 공부에 전념하길 바랐습니다. 그러나 오랜 갈등 끝에 부모님께서 기숙학원이 아니면 재수를 시켜 주지 않겠다고 하셨고, 저는 어쩔 수 없이 기숙학원을 찾아보기 시작했습니다. 마침 그때 ○○기숙학원이 새로 생겼다는 것을 보게 되었습니다. 대치동에서 유명한 선생님들께서 오신다는 내용을 보고 ○○기숙학원에 등록하기로 했습니다.

결론적으로 ○○기숙학원을 다니고서 서울에 있는 대학에 붙게 되었으나, 파일럿이라는 꿈을 놓지 못하고 다시 공부하게 되었습니다. ○○기숙학원에서 많은 공부법과 자제력을 길렀기에 삼수는 다른 학원에서 하게 되었고, 많은 유혹을 이겨 내고 공군사관학교에 붙었습니다. 그러나 공군사관학교 기초 군사 훈련 도중 한서대학교 항공운항학과에 수석으로 합격했다는 소식을 듣고 나오게 되었습니다. 전투기를 모는 것도 좋겠다는 생각이 들었지만, 민항기를 더 몰고 싶어서 내린 결정이었습니다. 아직 저는 대학교에 입학하게 되었다는 사실 말고는 이룬 것이 하나도 없습니다. 그러나 ○○기숙학원을 다니면서 배운 '끈기와 노력'이라는 자산을 가지고 있기에 앞으로도 더 열심히 꿈을 향해 달려갈 것입니다.

이제 ○○기숙학원에 대해서 말씀드리겠습니다. ○○기숙학원은 독학 재수 학원입니다. 그래서 다른 독학 재수 학원들과 마찬가지로 자습 시간이 풍부합니다. 재수 종합 학원과는 다르게 수업을 단순히 듣고 숙제만 겨우겨우 해 가는 것이 아니라, 정말 자기가 필요한 공부를 할 수 있습니다. 그러나 인터넷 강의만 들으면서 공부 계획을 짜고 실천하기는 다소 힘들 수 있습니다. 이 부분은 단순 의지만으로는 해결할 수 없는 문제입니다. 그러나 이런 문제점을 보완해 주는 ○○기숙학원만의 장점은, 바로 검증된 강사님들께서 오신다는 겁니다. 대치동에 출강하시는 유명 강사님들께서 직접 기숙학원으로 오시기도 하니, 믿고 따라가면 대치동에서 배우는 수험생들과 똑같은 수준 그리고 퀄리티의 수업 및 지도를 받을 수 있습니다. 생활적인 면이나 포괄적인 공부 방향에 대해서는 담임 선생님께 상담받을 수 있고, 구체적인 과목에 관한 공부 방향에 대해서는 그 과목 강사님께 상담받을 수 있습니다. 위에서 잠깐 말씀드렸듯이, 사실 대치동에는 학원만 있는 것이 아니고 PC방, 노래방과 같은 유혹들이 넘쳐납니다. 그 유혹들을 뿌리칠 수 있는 수험생이라면 어디서 공부해도 상관없지만, 대다수 수험생들은 그러지 못합니다. ○○기숙학원은 이러한 유혹들을 없앤 한 건물 안에 있는 '리틀 대치동'이라고 봐도 무방합니다. 그래서 ○○기숙학원은 어느 입시 학원보다 우월하다고 생각합니다.

　재수하는 동안 정대회 선생님을 보고 많은 것을 느꼈습니다. 저희를 지도하실 때 항상 부족함을 인정하시고 저희를 위해 끊임없이 노력하셨습니다. 비록 수능 공부는 아니지만 어쩌면 그 당시 수험생이었던 저보다도 더 열심히 공부하셨던 것 같습니다. 그래서 슬럼프일 때 혹은 공부가 조금 안 된 날에 정대회 선생님께서 공부하고 지도하시는 모습을 보면 저 자신이 부끄러워질 때도 있었습니다. 그러나 저는 그런 감정을 느끼는 것에 멈추지 않고 '내일은 더 잘하리라.'라는 결심을 하고 하루하루 최선을 다해 공부를 해 왔습니다. 그래서인지 1년이 넘게 지났지만, 아직도 학생들을 위해 밤을 새워 가며 입시 지도를 공부하시던 모습이 기억이 납니다. ○○기숙학원에서 정대회 선생님을 만났기에 제가 '끈기와 노력'을 배울 수 있었던 것 같습니다.

'다시 공부할까?'라고 생각하는 분들께 드리고 싶은 말씀이 있습니다. 아직 늦지 않았습니다. 남들보다 시작이 늦어서 모두가 나보다 앞서는 것처럼 보일 수도 있습니다. 그러나 포기만 하지 않고 노력하신다면 따라잡는 것은 한순간입니다. 마음을 다잡고 다시 공부하겠다는 마음으로 공부를 하면서도 수많은 생각을 하게 됩니다. 제가 N수를 하면서 정말 힘들 때 많이 들었던 생각은 '내가 한다고 될까? 나는 운이 없으니까 또 망할 것 같은데…' 같은 생각들입니다. 저와 같은 생각이 드는 분들에게 제 아버지께서 항상 하셨던 말씀하셨던 "'운'을 거꾸로 하면 '공'이 된다."를 명심하시라고 말씀드리고 싶습니다. 하늘이 감동할 만큼의 노력을 하신다면 운은 자연스레 따를 것입니다. 그러니 꿈을 위해 끝까지 최선을 다하시길 바랍니다. 제가 공부하면서 포기하고 싶었을 때 떠올렸던 문구를 하나 적고 마무리 짓겠습니다.

99도까지 열심히 온도를 올려놓아도 마지막 1도를 넘기지 못하면 영원히 물은 끓지 않는다고 한다. 물을 끓이는 건 마지막 1도. 포기하고 싶은 바로 그 1분을 참아 내는 것이다. 그 순간을 넘어야 다음 문이 열릴 것이다.

— 김연아

제자들에게 보내는 편지

사랑하는 2020학년도 YE반 친구들, 꿈을 향해 잘 달려가고 있나요?

여러분이 저의 '기회'였듯이, 저도 여러분의 '기회'가 되기 위한 준비를 하고 있어요. 그 첫 시작은 『교육 한류가 다가온다』가 되겠네요.

우리가 처음 만났을 때는 '기회'가 아직 오지 않았다고, 나에게도 '기회'가 온다면 인생을 한 번에 역전시킬 수 있을 거라고 기대하기도 했었죠.

하지만 우리는 1년 동안 함께 하면서 깨닫게 되었죠.

기회란 하늘이 선물해 준 '준비'의 기간과 같다는 것을 말이죠.

준비 없이 맞이한 기회는 결코 우리에게 도움이 되어 줄 수 없다는 것을 우리는 함께 공부하면서 배웠죠.

차근차근 준비를 마쳤을 때만이 작은 기회를 잡아 크게 쓸 수 있다는 것도 함께 수능을 준비하면서 알게 되었죠.

아쉬움은 뒤로하고, 반드시 또 다른 기회가 찾아올 것이니 준비합시다! 펄펄 끓는 물처럼, 작열하는 태양처럼 우리의 열정을 불태워 가며 또 다른 기회를 붙잡을 준비를 합시다. 여러분의 치열했던 경험은 인생의 자산으로 남을 것입니다.

우리의 삶과 인생과 전공 분야 속에서 일류가 되기 위한 준비를 합시다. 그래서, 물질 만능주의 시대에, 돈 때문에 삶의 작은 기회조차 허락되지 않는 이들에게 우리가 그들의 인생을 변화시킬 수 있는 기회가 되어 주는 그런 멋진 인생이 됩시다.

정대희라는 가망 없던 도화지에 새로운 글이 새겨질 수 있도록 깨끗이 지워 주고 그 흰색 바탕 위에, '정말로 대단한 희망'이 되라는 가장 강력한 명문을 넣어 준 여러분입니다.

여러분이 새겨 준 명문으로 이 세상에서 승리했을 때, 여러분도 여전히 저에게 자랑이기를 소원합니다.

정상에서 다시 만납시다.

감사합니다! 사랑합니다! 언제나 여러분의 노력을 응원합니다.

언젠가 대한민국의 미래를 이끌어 갈 여러분의 모습을 기대하는 마음으로, 저의 사랑하는 모든 제자들에게 이 책을 바칩니다.

정말로 대단한 희생! 정말로 대단한 희망!

여러분의 영원한 조력자이길 소망하는

정대희 드림

우리는 반드시
대한민국의 답을 찾아낼 것입니다

대한민국에는 답이 없습니다.
대한민국의 교육에도 답은 없습니다.

그렇기에 우리는 어느 하나의 교육기관만이
일류 교육기관이 되길 원하지 않습니다.

세계에서 오직 하나밖에 찾을 수 없는 교육 한류
위대한 교육 강국으로의 도약을 소원하고 있습니다.

절규뿐이었던 우리나라를 위해
절망뿐이었던 우리를 위해
걱정뿐인 우리의 후손을 위해
우리는 답을 찾아낼 것입니다.

이 도전 앞에 여러분은
대한민국 교육의 유일한 답이 될 것이며
이제 곧 대한민국의 유일한 해답이 될 것입니다.

대한민국 수험생들의 인생을 변화시켜
대한민국의 답을 찾아내겠습니다.